JN084229

推しが卒業するとき

大学教授、ハロプロアイドルを〈他界〉する。

森 貴史

推しが卒業するとき　目次

1 卒業へとつづく道

4 アイドル文化を考える

5 〈他界〉どころか、〈推し増し〉

6 推しの卒業を受け入れる

7 推しの卒業公演にゆく

まえがき

Juice＝Juiceサードアルバム
《terzo》ジャケットの衣装

メンバー全員の衣装が稲場愛香さん（ホットピンク）と３代目リーダーの植村あかりさん（メロン）のメンバーカラーを思わせる２色構成で、アルバムのジャケットもこの２色をアレンジした背景となっていて、発売時期にあわせた春らしさを演出している。

稲場さんの衣装は、フリルやリボンがついたブラウス、ダブルのイートン・ジャケット、パンプスがホットピンクで、プリーツスカートは緑である。

楽曲でのパフォーマンスはなかったものの、「Juice=Juice サードアルバム《terzo》発売記念〈チェキ・一言サイン・クリアファイルお渡し・お話し会〉」で着用されたほか、『月刊エンタメ』2022年5月号（徳間書店、2022年）では入江里咲さん、工藤由愛さんと、『BOMB』2022年5月号（ワン・パブリッシング、2022年）では有澤一華さん、入江さん、江端妃咲さんとともに、稲場さんはインタビューを受けており、全員がアルバム《terzo》のシリーズ衣装だった。このふたつのインタビューは稲場さんのJuice=Juice時代最晩年のものに属している。

個人的には、ハロプロアイドル時代の稲場愛香さんと最後に撮ってもらった２ショットチェキの衣装でもある。

卒業発表は突然に

夜にもかかわらず、つい大声をあげてしまったのは、2022年3月18日21時過ぎのことである。たまたまTwitterをながめていると、「Hello! FC @ufi_fc」アカウントからの「Juice=Juice稲場《いなば》愛香《まなか》の卒業に関するお知らせ」というタイトルが眼に飛びこんできたのだ。わずか数秒のあいだに何度も見直して、見まちがいではないのを確認したときに、われ知らずに叫んでいた。

タップすると、ハロー！プロジェクトオフィシャルファンクラブサイトの「Juice=Juice稲場愛香の卒業に関するお知らせ」のページが開いた。けっして読みたくはない、けれども絶対に読まなければならないニュースなのだ。

いつもJuice=Juice及びハロー！プロジェクトを応援いただきありがとうございます。
メンバーの稲場愛香ですが、コンサート・ツアー「Hello! Project 2022 Spring CITY CIRCUIT Juice=Juice CONCERT TOUR ～terzo～」をもってJuice=Juice及びハロー！プロジェクトを卒業することになりました。
［……］

2022年5月30日（月）に日本武道館にて開催予定のコンサート・ツアー最終公演をもって

Juice=Juiceとしての活動は終了となります。

［……］

文章の最後には、重大な発表のときにはかならずそえられる「株式会社アップフロントプロモーション代表取締役西口猛」の署名入りで、慣例どおりに、ご本人からのメッセージがつづく。

いつもあたたかい応援ありがとうございます。

皆様にご報告があります。

私、稲場愛香は5月30日（月）に行われる

「Hello! Project 2022 Spring CITY CIRCUIT Juice=Juice CONCERT TOUR ～terzo～」

日本武道館公演をもって、

Juice=Juice及びハロー!プロジェクトを卒業します。

突然のご報告になってしまって、ごめんなさい。

［……］

この2022年3月中旬という時期、日本テレビ系お昼の帯バラエティー番組『ヒルナンデス』の同年3月30日水曜日に稲場さんが出演するのが予告されていて、それを心待ちにしていた。同日には彼女と後輩メンバーの工藤由《ゆ》愛《め》さん、入江里《り》咲《さ》さんとのインタビューが掲載される『月刊エンタメ』2022年5月号（徳間書店）発売もあって、稲場さんとその所属グループJuice=Juiceを応援する「推し活」も絶好調といったところだった。

この発表前日の3月17日木曜日には、稲場さんとモーニング娘。'22の森《もり》戸《と》知《ち》沙希《さき》さんのグラビアが掲載されている『S Cawaii !』2022年5月号（主婦の友社）が発売されたばかりで、いつもどおり、木曜の夜はSTVラジオで彼女がひとりでパーソナリティを担当する『manakan Palette Box』を聴いた。

その翌日金曜日の朝は朝食をとりながら、毎回ハロー!プロジェクトメンバーが週替わりで登場するテレビ東京系連続ドラマ『真夜中にハロー!』最終回の録画をみた。

しかも、この日の午前中には先月と今月に書いた稲場さんへのファンレター2通をスマートレターに入れて投函したばかりという金曜日である。

ところが、そんなふつうの金曜日だった3月18日の21時に、稲場愛香さんがあとたった2ヵ月と10日で「卒業」すると知らされたのだった。

稲場さんの卒業公演が開催される2022年5月30日は、ぼくの「推し活」が終了する日であるのを告知されたも同然である。

ついに、この日がやってきた。

稲場愛香さんが２０２１年12月27日に24歳の誕生日をむかえたことは、充分に知っていたのに、彼女の卒業の可能性についてはすっぽりと頭のなかからぬけ落ちていた。いまから思えば、無意識にあえて考えないようにしていたというのが正しい。

Juice=Juice 稲場愛香さんのこと

関西圏の私立大学でドイツを中心としたヨーロッパ文化のことを話して書くことを仕事にしている著者であるが、ハロー！プロジェクトに関心をいだいたきっかけは、あるゼミ生の卒業論文だった。

ハロー！プロジェクトとは、略して「ハロプロ」、「ハロプロという大きな母体のもとに、モーニング娘。やソロ活動をおこなうアイドルが所属する」、「アップフロントグループが運営する女性アイドル集団」のことである（香月孝史ほか編『アイドルについて葛藤しながら考えてみた　ジェンダー／パーソナリティ／〈推し〉』青弓社、２０２２年）。

このゼミ生はいわゆる「ハロヲタ」（ハロー！プロジェクトのオタク）であって、かれの卒論のテーマが、ハロー！プロジェクトのアイドルグループのひとつ、当時はカントリー・ガールズのプレイングマネージャーという肩書きだった嗣永《つぐなが》桃子さんである。かれはちゃんと「嗣永桃子論」を書きあげて、2018年3月に無事に卒業してくれた。

しかしながら、ぼくは卒論指導のために、嗣永桃子さんと彼女が当時所属していたカントリー・ガールズについて調べて、動画やミュージックビデオなどをチェックしているうちに、2015年秋にはこのグループと、なかでも所属メンバー稲場愛香さんのことが少しずつ好きになっていった。

そして、楽曲〈恋はマグネット〉のミュージックビデオ間奏での稲場愛香さんのダンスパフォーマンスをみたことで、ぼくのなかで完全になにかのスイッチが入ってしまう。稲場愛香さんがぼくの推しになった瞬間だった。

とはいえ、2016年3月9日にカントリー・ガールズ3枚目のトリプルA面シングル〈ブギウギLOVE／恋はマグネット／ランラルン〜あなたに夢中〜〉がリリースされると、CD1枚を買うくらいの一般的な「在宅」オタクだった。

彼女の動画やカントリー・ガールズのミュージックビデオをパソコンでみたり、大阪の日本橋恵美須町にあるハロー!プロジェクトオフィシャルショップで生写真やクリアファイルなどのグッズをときどき購入したりするだけで、その時期は充分に満足していた。

だが、持病のぜんそくによる体調不良がつづいたために、同年4月28日に稲場愛香さんはカントリー・ガールズでの活動休止を発表し、約3ヵ月後の8月4日には同グループからの卒業が公表された。

それ以降、彼女に関する情報が所属「事務所」からいっさい発信されることはなくなった。稲場さん卒業後のカントリー・ガールズを応援できなくなったぼくは喪失感をかかえたまま、なすすべもなかった。

ところが、活動休止から約1年半が経過した2017年9月8日、稲場愛香さんのハロー！プロジェクト復帰と活動再開を、「事務所」は突然に発表したのだ。

この発表を知った当時、ぼくはベルリン・フンボルト大学で半年間の研修期間をおえようとしていたところだった。2日後に帰国をひかえた日、すでに季節は初秋となったドイツの首都で、帰国後に稲場愛香さんに逢いにいこうと決心したのだった。

それからのことを記したのが、『〈現場〉のアイドル文化論　大学教授、ハロプロアイドルに逢いにゆく。』（関西大学出版部、2020年）である。

前著が稲場愛香さんと彼女が所属していたJuice=Juiceを中心とするハロー！プロジェクトの〈現場〉について、それもぼくの「推し活」がどのようにはじまったのかを記したものとすると、本書は、彼女の卒業をめぐるものになっているのと、コロナ禍での「推し活」についても意識的に記したものとなっている。

現在もアイドルについて記した書籍は多種多様に出版されているが、やはりいささかなりとも、同系書とは異なる内容をめざしたつもりである。

なお、本書では書名、映像作品、番組名などは『　』、イベントや公演のタイトルは「　」、アルバムタイトルは《　》、楽曲タイトルは〈　〉で統一した。文中で引用させていただいた楽曲名や歌詞は巻末のリストに掲載している。関係者各位には、どうかご海容をたまわりたく、伏してお願い申し上げる所存である。

稲場愛香活動年表

2010

8月〜　モーニング娘。9期メンバーオーディションに参加、3次審査で落選

2013

5月5日　中野サンプラザで開催された『ハロプロ研修生 発表会2013〜春の公開実力診断テスト〜』にて、ハロプロ研修生への加入が発表

2014

11月5日　カントリー娘。改めカントリー・ガールズのメンバーに選ばれる

2015

3月25日　カントリー・ガールズ、ファーストシングル『愛おしくってごめんね／恋泥棒』でメジャーデビュー

8月7日　音楽情報番組『うたなび！』でレギュラーコーナー「まなかんミュージック」が開始

8月5日　カントリー・ガールズ、セカンドシングル『わかっているのにごめんね／ためらいサマータイム』発売

2016

2月29日　カントリー・ガールズ「恋はマグネット」ミュージックビデオ公開

3月9日　カントリー・ガールズ、サードシングル『ブギウギLOVE／恋はマグネット／ランラルン〜あなたに夢中』発売

3月25日〜4月3日　カントリー・ガールズ出演舞台「気絶するほど愛してる！」、寛子役で主演

4月28日　ぜんそく療養のため活動休止発表

8月4日　カントリー・ガールズ卒業を発表

2017

9月8日　ハロー！プロジェクトに復帰。地元札幌を拠点にソロ活動再開

9月9日　稲場愛香オフィシャルブログ「まなかんめもりーず」を開始

9月18日　「ハロプロ研修生北海道 定期公演 Vol.4」出演

10月3日　AIR-G'『IMAREAL』内のフロート番組、「稲場愛香のまなりある」放送開始

2018

11月23日 「ハロプロ研修生北海道 定期公演 Vol.5」出演

1月3日〜2月24日 「Hello! Project 20th Anniversary!! Hello! Project 2018 WINTER」出演

6月13日 夏のハロー!プロジェクト・コンサートツアーより、Juice=Juice加入が発表される

6月16日〜18日 「稲場愛香ファンクラブツアー in 北海道〜のっこりとうきびけぇ!〜」開催

7月14日 「Hello! Project 20th Anniversary!! Hello! Project 2018 SUMMER」の初日公演にて、Juice=Juiceとして初めてライブステージに立つ

8月1日 Juice=Juice、セカンドアルバム『Juice=Juice#2 -¡Una más!』発売

9月28日〜10月8日 Juice=Juiceの出演舞台「タイムリピート〜永遠に君を想う〜」、ルナ役で主演

10月29日 「Juice=Juice LIVE 2018 at NIPPON BUDOKAN TRIANGROOOVE」出演

11月17日 ファースト写真集『愛香』(オデッセー出版)発売

11月18日 STVラジオ『D-tunes』に週替わりパーソナリティの1人として出演開始

2019

4月4日 AIR-G'『Juice=Juice 稲場愛香のmanakan Palette Box』が放送開始

12月26日 「カントリー・ガールズ ライブ２０１９〜愛おしくってごめんね〜」(LINE CUBE SHIBUYA)にて、カントリー・ガールズの卒業公演

2020

11月17日 「工藤由愛バースデーイベント２０２０ in 名古屋」にMCとして出演

12月27日 セカンド写真集『ラヴリネス…』(オデッセー出版)発売

2021

2月12日 高木紗友希、Juice=Juiceでの活動終了発表

10月10日 「M-line Special 2021 〜 Make a Wish! 〜」(三郷市文化会館)出演

11月24日　「Juice=Juice Concert 2021 ~ FAMILIA ~金澤朋子ファイナル」出演

12月3日　「Juice=Juice 稲場愛香バースデーイベント２０２１」（KT Zepp Yokohama）

12月31日　「Hello! Project Year-End Party 2021 ~ GOOD BYE & HELLO! ~ Juice=Juice プレミアム」にてJuice=Juiceのサブリーダー就任発表

2022

2月14日　サード写真集『愛land』（オデッセー出版／ワニブックス）発売

2月17日　「Juice=Juice 稲場愛香バースデーイベント in 札幌」（ペニーレーン24）

3月18日　同年5月30日の日本武道館公演をもって、Juice=Juice及びハロー！プロジェクトの卒業を発表

3月20日　ＳＴＶラジオ『D-tunes』の稲場愛香出演最終回放送

4月20日　Juice=Juice、サードアルバム『Terzo』発売

5月1日　「Juice=Juice 稲場愛香 サードアルバム《terzo》発売記念リミスタ インターネットソロサイン会」開催

5月21日　「Juice=Juice CONCERT TOUR ~ terzo ~」（北九州ソレイユホール）

5月30日　「Juice=Juice CONCERT TOUR ~ terzo ~ FINAL 稲場愛香卒業スペシャル」公演（日本武道館）をもって、Juice=Juiceおよびハロー！プロジェクトを卒業

7月22日　AIR-G'と札幌駅ショッピングセンターパセオのタイアップラジオ、『paseo Final Walkers』に出演

10月18日　M-line clubへの加入が発表

12月24日　「M-line Special 2022 ~ My Wish ~」（めぐろパーシモンホール）にゲスト出演

12月27日　「稲場愛香バースデーイベント２０２２~ソロになっても！25歳も！がんばりまなかん♡~」（一ツ橋ホール）開催

2023

1月1日　所属事務所をアップフロントプロモーションからジェイピィールームへ移籍

7月7日　フォース写真集『Love perfume』（オデッセー出版）発売

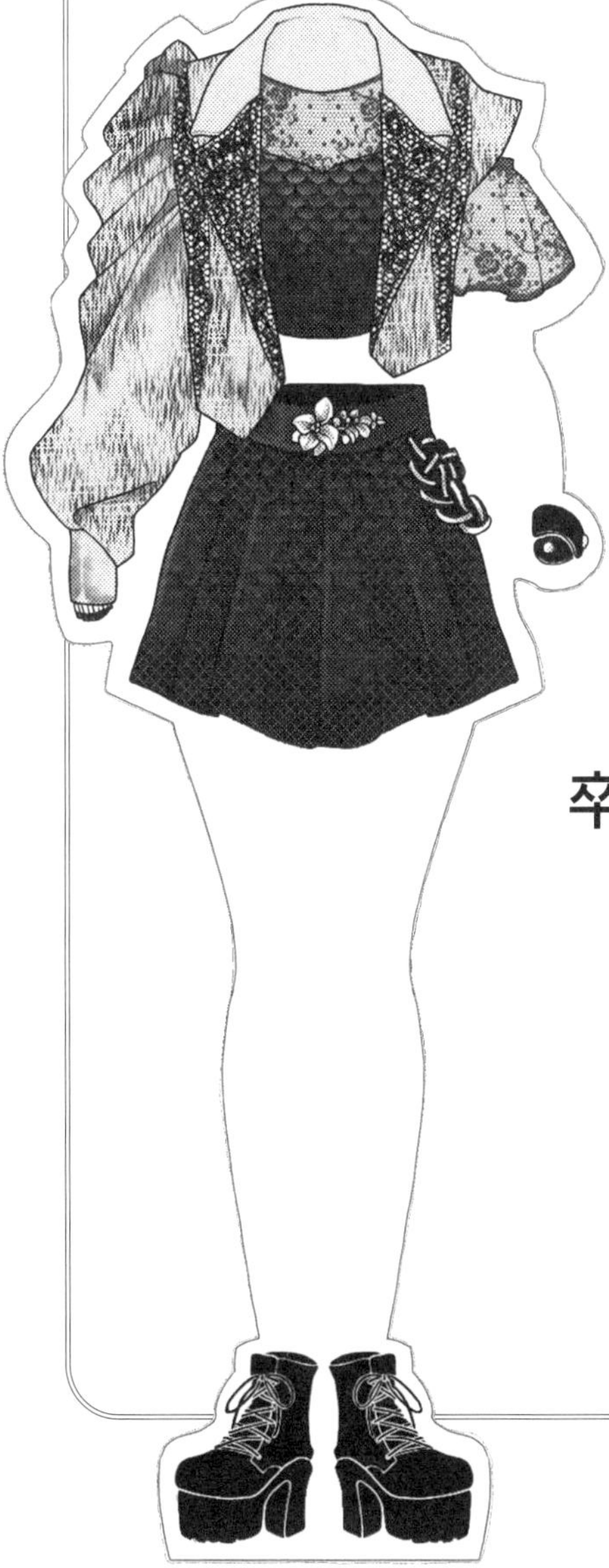

1

卒業へとつづく道

『Premier seat 〜 Juice=Juice Premium 〜』
前半の衣装

赤と黒という配色は、ハロプロアイドルの衣装としては定番だと思われる。とりわけこの数年間のモーニング娘。、アンジュルム、Juice=Juiceの衣装は、素材やデザインはちがえど、赤と黒でまとめられたものが多いからである。

トップスはメンバー全員がアシンメトリックなデザインだが、稲場愛香さんの衣装はモンゴメリー・カラーにくわえて、右腕がロングのバルーンスリーブで、左腕はオフショルダーと黒いレースの袖がついており、おなじく黒のレース生地を使用したセパレートインナーという構成になっている。ボトムスは光沢のある黒地のプリーツスカートで、ウエストには花のアクセサリーや編みこんだ鎖状の装飾もついている。

Juice=Juiceメンバーは、この赤と黒のアシンメトリックな衣装で、2020年7月4日にスカパー！テレ朝チャンネル1で放送された『ソロフェス！』に出演した。最初の緊急事態宣言下と重なったこともあって、2021年2月のリリースイベント時をのぞけば、〈現場〉でみることがもっとも少なかった衣装のひとつである。

ぼくにとっては、ファンクラブのエグゼクティブパス特典の2ショット写真を撮ってもらったときの稲場愛香さんの衣装でもあって、いずれ、このときの写真をぼくの「遺影」に使ってもらうことに対して、家族からはすでに了承済みである。

ちなみに、『Premier seat ~Juice=Juice Premium~』は、高木紗友希さんが所属していた8人体制時代のJuice=Juiceのパフォーマンスが収録された最後の映像ソフトである。そして、このソフト収録の楽曲〈がんばれないよ〉、〈DOWN TOWN〉は、彼女のJuice=Juiceでの活動の最晩年期の映像でもあって、通算14枚目のシングルは、この映像のように8人体制で発売されるはずだった。

このブルーレイソフトはそれゆえ、高木紗友希さんのJuice=Juiceおよびハロー！プロジェクトでの活動終了以前に収録されたものであるために、メンバー8人全員が当初に予定されていたはずの〈がんばれないよ〉の衣装を着用している。すなわち、稲場愛香さんのばあいだと、「Hello! Project 2021 Winter STEP BY STEP」公演ユニット⑤の後半の衣装のことである。

1 卒業発表まえの稲場愛香さんのこと

アイドル人生をふり返る

2021年12月発売の『IDOL AND READ 029』（シンコーミュージック・エンタテイメント、2022年）に掲載された個人インタビューは、カラーグラビア込み18ページの分量で、稲場愛香さんが自身のアイドル人生をふり返っている。

この雑誌はグラビアがすべてフルカラーで掲載されているうえに、推しについての文字情報を読むのが好きなアイドルオタクにとっては、とても良質のインタビュー誌である。

稲場さんのこのインタビューは彼女の卒業発表以前という時期のものでは、もっとも分量のある内容で、グラビアカットも多い。楽曲〈Familia〉の衣装の彼女が、いつになく自然体のやわらかい表情のものばかりなのが印象的である。

インタビュー冒頭には、彼女のそれまでの略歴が記されている。

「幼少期から芸能活動をスタートし、『紅白歌合戦』でEXILEのバックダンサーも経験、［……］ハロプロ研修生を経てカントリー・ガールズメンバーになるが、療養のための活動休止をはさみ卒業、そして2018年6月にJuice=Juiceメンバーとしてアイドル活動を再開……と、とてもドラマチックな半生を送ってきた稲場愛香」

少しだけ付記するとすれば、2017年9月8日に芸能活動再開と同時にハロプロメンバーに復帰し、Juice=Juice加入まではソロで活動していたことと、愛称はまなかん、いなばっちょで、アイドルのキャラクターとして「あざとい」と呼ばれたりしている。

このインタビューで興味深かったのは、稲場さんの幼少期と、EXILEのバックダンサーとして『NHK紅白歌合戦』に出演したときのエピソードである。

彼女は幼少期から非常に活発だった。音楽を耳にするとすぐに踊りだしたり、母親とデパートに出かけると、すぐにいなくなってしまって、お母さんが必死に探しまわったら、洋服屋の服のあいだに隠れていたりしたとのこと。

また、子どものときからたくさんのオーディションを受けていて、ニンジンをひたすら食べるCMの子役やチラシのモデルをやっていたという。

小学5年生時には、EXPG STUDIO（EXPGはEXILE PROFESSIONAL GYMの略で、LDHのグループ会社が運営するダンススクール）でダンスを習いつつも、サンミュージックアカデミーで演技を習っていた。稲場さんがEXPGの特待生だったことはよく知られている。

そして、EXPGに所属していたからこその稲場愛香さんの「紅白出演」の真相が語られている。

ＥＸＰＧ札幌校から選抜された5人に彼女がふくまれていて、東京に着いた時点では、どこで踊るかはまだ知らされていなかったという。

インタビュー内容から判断すると、彼女が出演したのは２０１０年12月31日の『第61回ＮＨＫ紅白歌合戦』である。

紅組トップバッターは浜崎あゆみさん〈Virgin Road〉で、対する白組はEXILE〈I Wish For You〉となっていて、白組トップバッターのステージでバックダンサーとして出演したのだ。

本当に夢みたいでした。浜崎あゆみさんがEXILEさんの前に歌われていたんですけど、そんな現場に居合わせたことがないからものすごく緊張しました！　見渡すかぎり、知ってる有名人の方ばっかりでしたし、目にも耳にもいろんな情報が飛び込んでくるし、〔……〕、あまりに刺激が強すぎて自分の中で消化できなくて。〔……〕４歳のときから漠然ながらも芸能界でやっていきたいなみたいな目標があった中で『紅白歌合戦』という大きいステージに自分が立てたこともうれしかったですし、家族やまわりの人が喜んでくれたことがなによりもうれしかったです。少しは恩返しができるようになってきたのかなって。

２０１０年末の『紅白歌合戦』出演は、当時の稲場さんにとっては非常に大きな刺激となって、それ以降の芸能活動をつづけるためのモチベーションになったことと、やはり家族や周囲への感謝を忘れない彼女のことがよくわかるインタビューである。

推しが語る1度目の卒業のこと

ひきつづいて語られるのは、モーニング娘。第9期オーディションに落選したものの、TNX（ティーエネックス、アップフロントグループ傘下の、つんく♂氏が代表のレコード会社）から誘われたこと。しかしながら、ハロー！プロジェクトでつんく♂氏の楽曲を歌いたかったゆえに、お断りしたこと。

そののちに、北海道のローカルアイドルとして活動したが、解散後に北海道での研修生出張オーディションを受けて、ハロプロ研修生になって、２０１４年にカントリー・ガールズとしてデビューしたという経緯である。

そのつぎは、カントリー・ガールズ時代から稲場愛香さん推しだったハロヲタには、非常にセンシティブな内容となる。すなわち、彼女の活動休止と1度目の卒業のこと、さらには、カントリー・ガールズ卒業後に療養中の稲場さんが活動再開までの日々をどのような心境で過ごしていたかについて語られているからだ。

稲場さんがかなり複雑な気もちで過ごしていた理由は、カントリー・ガールズ卒業は彼女が望んだかたちではなかったことや、自分のことばで直接にファンへ伝えることもできなかったために、たくさんの誤解を生んでしまったからだと答えている。

　それは今でも……こう……言葉にするのが難しいんですけど、カントリー・ガールズとして活動させてもらっていた時期があって今の私がいますし、私にとってすごく大切な時間だったんですけど……その気持ちは本当に変わらないですし、メンバーへの気持ちも変わらないんですけど、そういう形でやめることになってしまったので……やっぱり目に見えないものとかわからないことに対してみんなは憶測でしか話ができないじゃないですか。それは本当に仕方がないことだと思いますし、でも、どこかで「残念だな。悔しいな。そうじゃないんだけどな」という思いはずっとあって。だからこそ、それで終わりにしたくないなと思って、ずっと北海道で療養しながら活動再開の日を目指してきたんですよね。

稲場愛香さんがとても慎重にことばを選んで答えているのがよくわかる。
それも当然で、彼女の活動休止とカントリー・ガールズ卒業は、あのグループのその後にあまりにも大きな影響をもたらしたからである。
彼女の2度目の卒業発表では、「事務所」側が半年まえに稲場さんからJuice=Juice卒業について相談を受けたことが明らかにされているが、このインタビューでは、みずからの卒業についてはいっさい言及していない。

「こうしてみるとあらためて振り返ってみると、壮絶な人生でした（笑）」といいながらも、「楽しいことも、つらいことも、その経験をしたからこそ許せるようになったり、認められるようになったりして、それで今の私があるのは間違いないので、これからも今という瞬間瞬間をちゃんと楽しんで、大事にして、感謝の気持ちを忘れずに生きていきたいなと今日あらためて思いました。ありがとうございました！」と結んでいる。

24歳のバースデーイベント

しかしながら、稲場愛香さんがカントリー・ガールズを卒業したことで、ぼく自身はすっかり「こじらせ」てしまった。

彼女が卒業したために、カントリー・ガールズを応援したくても応援できないことに苦悶した。その一方でなんのアナウンスもないまま、いつ復帰するともしれない彼女をずっと（結果的には約1年半のあいだ）待ちつづけた。

彼女の活動再開後は、「在宅オタク」から「現場オタク」になって、ソロで活動する稲場さんを、のちにJuice=Juiceメンバーとして活動する稲場さんを、いくつもの〈現場〉に出かけていって、大切に応援していたけれど、カントリー・ガールズ時代の彼女もかわることなく好きだったために、ぼくの「こじらせ」はさらに悪化した。

というのも、まるで腫《は》れものに触れるかのごとく、彼女が前グループに所属していたときのことをほぼ話さなくなったし、その楽曲をパフォーマンスすることもほとんどなかったからである。

ひとたびJuice=Juiceに加入すると、なぜ稲場さんがあのグループの楽曲を（もっといえば、カントリー・ガールズのメンバーさんとともに）歌ってはいけないのだろうかと、やり場のないくやしさをはがゆく感じていた。

いくつかの例外は、２０１７年秋に復帰してまもない時期にハロプロ研修生北海道の定期公演で〈恋はマグネット〉、〈恋泥棒〉を披露したほか、「Hello! Project 20th Anniversary!! Hello! Project 2018 WINTER」のFULL SCORE公演でモーニング娘。'18とつばきファクトリーと共演した〈革命チックＫＩＳＳ〉と、２０２０年11月17日に開催された「工藤由愛バースデーイベント２０２０ in 名古屋」である。

工藤由愛さんのバースデーイベントのＭＣとして出演した稲場さんだが、なんと工藤さんとふたりで〈有頂天ＬＯＶＥ〉をパフォーマンスしたのだ。このスマイレージ（現アンジュルム）の楽曲は、２０１５年のカントリー・ガールズライブツアーのセットリストのもので、カントリー・ガールズ時代の彼女も歌っていたものである。

さらには、彼女の誕生日である12月27日にさきがけて（12月下旬は年末や年始以降のコンサートのリハーサルで多忙ゆえである）、２０２１年12月3日のKT Zepp Yokohamaで開催の「Juice=Juice

稲場愛香バースデーイベント２０２１」、２０２２年2月17日で北海道札幌市のペニーレーン24で開催された「Juice=Juice 稲場愛香バースデーイベント in 札幌」、すなわち彼女の現役アイドル時代最後のバースデーイベントである。

この時期は稲場愛香さんの卒業が数ヵ月後に発表されるとはまったく予想すらしていなかったが、いまにして思えば、12月上旬の横浜でのバースデーイベントからふた月以上も過ぎたのちの2月にあえてもう1度、なぜ彼女の出身地である札幌市で開催されたのかをちゃんと考えておくべきだった。

北海道在住のファンのために、地元でのアイドル時代最後のバースデーイベントを企画してくれたということなのだろう。

ライブハウスであるペニーレーン24は、かつてカントリー・ガールズがライブをしたり、稲場愛香さんが復帰後に何度もバースデーイベントをおこなったという特別な会場である。

ちなみに、稲場さんオタクにとっては、札幌の「聖地」はもう1ヵ所あって、それは札幌スクールオブミュージック＆ダンス専門学校（現・札幌ミュージック＆ダンス・放送専門学校）7階イベントホールである。復帰した彼女が「リーダー的存在」として活動した、ハロプロ研修生北海道の定期公演の会場だからだ。

稲場さんのバースデーイベントのたびに遠征していたため、札幌市営地下鉄東西線の琴似駅改札を出たのち、地下通路を歩いて、イオン札幌琴似店までたどりつけるようになった。その1階奥にある、ロイヤルコペンハーゲンのカップとソーサーでコーヒーを出してくれる純喫茶でよく休憩していたからだった。

そして、ペニーレーン24でのバースデーイベントはたいてい1月前半に開催されるために、雪が高くかきあげられた歩道を歩いたり、大雪が降りしきるなかで会場隣接の小さな駐車場で入場を待つのがあたりまえだった。

むしろ、雪が降っていてこそのペニーレーン24、稲場さんの地元である札幌開催のバースデーイベントだと感じるほどに思い入れのある会場である。

だが、稲場愛香さんの24歳を祝うバースデーイベントが特別なのは、そのセットリストなのだ。ライブコーナーの全6曲のうち、昼公演と夜公演とで2曲分が入れ替えられているものの、なんと〈有頂天LOVE〉、〈浮気なハニーパイ〉、〈もしも…〉を歌ってくれたのだ。カントリー・ガールズ時代の稲場さんが参加した最後のツアーで、彼女がパフォーマンスした曲である。

カントリー・ガールズ時代から稲場さんを応援しているぼくには、このときがまるでこの世のものとは思えない時間だった。

いまから考えると、バースデーイベントで突如として、彼女があのグループで歌っていた楽曲を3曲もパフォーマンスしてくれたことに、なにも思わず無邪気によろこんでいた自分の愚鈍さが腹立たしい。

だが、日本でもっとも有名な会場で、稲場愛香さんがカントリー・ガールズ時代のことを語り、このバースデーイベントでの楽曲を何千もの観客をまえにして歌ってくれる日がくるのを、そのときのぼくはまだ知る由《よし》もなかった。

2022年5月30日、日本武道館での彼女の卒業公演の日である。

2 卒業までの近くて遠い道のり

稲場愛香さん卒業発表の夜のこと

2022年3月18日夜、稲場さん卒業発表があった21時以降、まだなにも失っていないはずなのに、すでにいろいろなものをなくしたかのような喪失感がぼくの心を蝕《むしば》みはじめていたとき、たくさんのオタク仲間から心配といたわりのご連絡をいただいた。

コロナ禍という状況下で、〈現場〉であまり会えなくなった方がたからのひさびさのダイレクトメッセージもあいついだ。ぼくの元ゼミ生をのぞけば、稲場さんを追いかけてから知りあった方ばかりで、心から感謝した。

宮本佳林さん、金澤朋子さん推しの方からのご連絡もありがたかったのだが、このうえない感謝とともに非常に申し訳なく思ったのは、高木紗友希さんオタクの方からのお気づかいである。

かつてライブハウス横浜Bay Hallでのシリアルイベントのさいに、スマートフォンをもたないぼくの窮地を救ってくれたオタク仲間のかれも、そのひとりだった。2021年2月11日に「高木紗友希のJuice=Juiceでの活動終了に関するお知らせ」が公表されたとき、ぼくはこの方に連絡できなかった。どうしても、かけることばが見つからなかったのだ。

稲場さんは卒業するけれども、ツアー千秋楽の日本武道館公演という最後で最高の舞台が用意されている。ほんの1時間まえに公表されたその発表を、ぼくがまだ受けとめきれていないだけのことである。

だが、高木さん推しだったハロヲタの方がたの事情はまったくちがう。そんなかれが稲場さん推しの薄情なぼくのことを気づかってくれているのだ。そのやさしさに対して申し訳なくて、涙をおさえられなかった。

そうして、たくさんの方がご連絡をくださったこの夜の時点では、稲場さんの卒業公演終了後に〈他界〉することを、ぼくは本気で考えていた。

それゆえ、ある方に「〈他界〉します」と返事をすると、「ほかにがんばっているメンバーさんを見てあげてください、後輩たちを見守ってあげてください」と頼まれた。

その方のお心づかいも当然ながら、とてもありがたいものである。稲場さん卒業後のぼくを心配して、「推し変《へん》」（推しを変えること）、「推し増し」（推しを増やすこと）を勧めてくれているのだ。

とはいえ、ぼくはいままでずっと稲場さん「単推し」（ひとりのメンバーのみを応援すること）でハロー！プロジェクトを応援してきたのだ。閏《うるう》年だった2016年2月29日に公開されたカントリー・ガールズの楽曲〈恋はマグネット〉のミュージックビデオをみて、当時はこのグループに所属していた彼女のファンになって、それからはずっと稲場愛香さん一筋だったのだ。

そのふた月のち、彼女は持病の悪化にともない、メンバーとしての活動を休止して、さらにまた数ヵ月後にカントリー・ガールズを卒業してしまった。

その後、「事務所」からは彼女に関する発表がいっさいなされることがないまま、ずっと彼女の復帰を待ちつづけた。

約9ヵ月のソロ活動ののちにJuice=Juiceに加入する彼女が出演するさまざまなイベント、ライブ、ホールコンサートに参加するために、北海道から沖縄まで、文字どおりに日本全国の〈現場〉に遠征してきたのである。

そうこうするうちに仲よくなったオタク仲間とともに彼女を応援して、充実した「推し活」の4年半という時間をこれまで過ごしてきたのだ。

そんなぼくにとってはただひとりのハロプロアイドル、稲場愛香さんがJuice=Juiceとハロー！プロジェクトを卒業すると突然に知らされて、しかも卒業までの時間があと2ヵ月半も残されていないと知らされて、いまさら、なにをどうすればいいというのだろうか。

大学の卒業式にて

稲場さんの卒業発表があった3月18日の翌日は、勤務校での卒業式があった。コロナ禍ゆえに、卒業証書を授与する会場となる広々とした教室の窓はすべて開放されていて、マスクをした袴姿のゼミ生たちは間隔を空けて座っていた。

ゼミ生たちもぼくも、おたがいにとても気まずい。

なぜなら、ゼミ生たちはみんな、ぼくがJuice=Juiceの稲場愛香さんを推していることを、それどころか、稲場さん相手の「推し活」のことを書いた本まで勤務校の出版部から上梓していることもよく知っているからである。

ちなみに、ぼくがイベントに参加するために大量に購入しているCDをもらってくれるのは、ゼミ生たちや、ぼくの授業を履修している学生たちである。ハロヲタの学生もたまにいるけれども、ぼくがCDを配ると、たいていの学生はなにも言わずに受け取ってくれる。

ほかのハロヲタの先輩方がどのようにしてあの大量のCDの在庫を減らしているのかは、気になるところではある。

さて、前夜21時以降、インターネット上のたくさんのニュースサイトで彼女の卒業発表が取りあげられて、拡散されている。ぼくのゼミ生たちが知らないはずはない。きっとゼミ生たちのグループLINEでも共有されて、全員が知っているにちがいなかった。

すなわち、この日の卒業式は自分のゼミの担当教員が推すアイドルの卒業発表があった翌日、ゼミ生たちにとっても一種の緊急事態となっていたのである。

彼女たちのあいだには、「いじると、おもしろそうだけど、地雷は踏まないようにしないと」、「それにしても、なぜ卒業式の前夜に……。せめて今晩だったら、卒業式もおわっているし、こんなめんどうくさいことはなかったのに」といった雰囲気がただよっている。

気まずさに耐えかねて、ぼくのほうから切りだした。「昨日の夜にちょっと寝酒を飲みすぎてヘンな夢をみちゃってさ、ぼくの推しが卒業するっていう夢で、いろんな人から連絡が来てね……」、苦笑いするゼミ生たちである。

しかも、すぐ4月からは新年度の授業が開始されるのだが、心のどこかがおかしくなったようで、ちっともうまく話せなくなって、毎回の授業で大苦戦するという運命が待ちかまえていた。くわえて、出版社から依頼されていた原稿も遅々として進まなくなっていくのである。

推しの卒業を予測できなかったこと

2022年3月11日公開のウェブサイト『モデルプレス』によるテレビ東京系連続ドラマ『真夜中にハロー！』出演メンバーインタビューのお相手は、植村あかりさんと稲場愛香さんだった。2022年の目標をきかれて、稲場さんは以下のように答えている。

「グループとして変化に置いて行かれないように進化し続けたいのはもちろんなのですが、私も常に成長していきたい気持ちは毎年あります。自分のモットーとしてここ数年言わせて頂いているのが〈自分らしくいること〉なんです」

　このインタビューが公開された1週間後に、まさか彼女の卒業発表があるとはまったく予想できない。彼女がまだまだJuice=Juiceとして活動してくれると思いこんでしまっても、無理のない内容である。


　もちろん、稲場愛香さんが卒業するときがくるのをまったく意識しなかったわけではない。彼女が2021年12月27日の誕生日に24歳になり、その翌年12月末には25歳の誕生日をむかえることは、だれもが知っている事実である。

　そして、Juice=Juice初代リーダーだった宮崎由加さんの「卒業曲」ともいうべき〈25歳永遠説〉のタイトルと歌詞が連想させるかのように、近年のハロプロアイドルが少なくとも25歳を上限として卒業していくことがこれまで慣例的に多かったのも、自明の事実である。

　とはいえ、2021年11月24日に卒業したJuice=Juice２代目リーダー金澤朋子さんの事例があった。

　当時、金澤さんは25歳になっても、グループを卒業しない選択をした。これは彼女自身が考えてのことだが、年齢のためにハロプロアイドルを卒業しなくてもよいという前例を確立したのだ。

　療養のために残念ながら、金澤さんは卒業を選択せざるをえなかった。だが、卒業時の彼女は26歳、最近のハロプロアイドルの慣例的とされていたタブーをみごと打破したのちに卒業したのだった。

金澤朋子さんは、闘病しながらも自身の意志を実現させたという、ハロー！プロジェクトの歴史に偉大な足跡を残したメンバーさんである。

それゆえ、卒業発表があった２０２２年3月中旬の時点で稲場さんがまだ24歳だったことに、完全に油断していた。


この油断には、もうひとつの理由があった。２０２１年12月31日開催の『Hello! Project Year-End Party 2021 ～GOOD BYE & HELLO! ～Juice=Juiceプレミアム』で、稲場さんと段原《だんばら》瑠々《るる》さんのサブリーダー就任が発表されたことである。

段原さんは、第3期メンバーの稲場さんよりも年下でデビューも遅いが、第2期メンバーとしてJuice=Juiceに加入したために、グループ内では先輩メンバーであり、メンバーとしての活動期間は稲場さんよりも長いのである。そのために、このふたりが同時にサブリーダーになることはきわめて妥当な人事だと評価されよう。

ところが、これが盲点だった。

稲場さんがサブリーダーに就任した以上、卒業はもう少し先になったと思いこんでしまった。

段原さんと稲場さんが同時にサブリーダーになったのは、べつの理由があったことがいまでは理解できるだろう。

もし最初から稲場さんだけがサブリーダーに就任していたのであれば、彼女の卒業後すぐに、段原さんがまたサブリーダーを継承するという慌ただしい人事となる。

その一方で、段原瑠々さんひとりが先にサブリーダーに就任していたのであれば、グループ内での稲場さんの先輩としての立ち位置が微妙になってしまう。

だが、事実はまったく逆だった。

結果として、稲場さんが卒業しても、もうひとりのサブリーダー段原さんが残るという盤石の人事であったことを、彼女の卒業発表後にはじめて理解したのである。

かくして、2021年末の稲場さんと段原さんのサブリーダー同時就任は、半年前に稲場さん本人から話があったという彼女の卒業を完全にカモフラージュすべく機能した（とはいえ、鋭く見抜いた人もいただろう）。

だからこそ、おそらく、ほとんどのハロヲタが2022年3月中旬の稲場愛香さんの卒業発表を予想できなかったはずなのだ。

自身の卒業を語る稲場愛香さんのこと

彼女の卒業が発表された2日後の3月20日は、稲場さんがSTVラジオでパーソナリティを月1回担当する番組『D-tunes』最終回の放送日である。いまだ彼女の卒業を受け入れられないぼくにとっては、現実に眼をむけさせられる恐怖の放送でもあった。

つまり、いつもラジオから聞こえてくる稲場愛香さんの声で、ご本人から卒業を知らされたのである。

番組最後にJuice=Juiceの楽曲〈Goal～明日はあっちだよ～〉がオンエアされたあと、いつものどかなエンディングテーマが流れてくると、稲場さんがあらたまったようすで話しはじめた。


ここでわたしからみなさんにご報告があります。先日、発表がありましたが、今日からはじまったJuice=Juiceコンサートツアー「terzo」なんですけれども、ええと、5月30日に日本武道館にておこなわれるこのツアーの最終日をもって、Juice=Juiceおよびハロー！プロジェクトを卒業することになりました。ええ、4歳から歌とダンスに触れてきたわたしなんですけれども、気がつけば、20年がたっていて、ええ、そうですね……。


とぎれとぎれの涙声で、自分のファンへ卒業を必死に伝えようとする稲場さんのことばには、これまでとまったく異なる悲痛な響きがあった。

「……。ハロー！プロジェクトでは約9年間、ほんとうにたくさんの経験をさせていただきました。ありがとうございます、ほんとに、あの、関わってくださったすべてのみなさんに心から感謝しています。そのなかで、これからの自分はどんな経験をし、どんな人間になっていきたいのかを考えるようになって、ええ、つぎのステップへ進むために、卒業という決断をさせていただきました」

稲場愛香さんの肉声での卒業発表を、ついに自分の耳で聴くことになるとは！

この時点にいたっても、ぼく自身はいまだ夢のなかのできごとのように感じていた。インターネットラジオから聞こえてくる稲場愛香さんの声は毎回とおなじで、何度も何度も聴いたあの声なのに、耳と心がまったく受けつけようとしない不思議な感覚なのだ。

彼女の2022年3月15日付ブログによると、この番組最終回を収録したのは、放送日の5日まえ、すなわち「事務所」の正式な卒業発表の3日まえのことである。稲場さんはきっとそれまでに、ことばでは言い尽くせないほどにいろいろなことを考えてきたはずである。

もっといえば、2月のバレンタインデーでの写真集イベントや、同月下旬の「チェキ・一言サイン・クリアファイルお渡し・お話し会」、いわゆる「盛りだくさん会」では、自身の卒業という決定事項を秘したまま、彼女はぼくたちJuice=Juice Family（Juice=Juiceのオタク）と触れあってきたのだ。

個人的には、2022年2月14日に秋葉原の書泉ブックタワーで開催された3冊目の写真集『愛land』（オデッセー出版、2022年）の発売記念イベントでも、やはり異変を感じたのを思いだす。

このとき、「また来年もこのぐらいのペースで写真集を出してくれると、すごくうれしいです」と伝えると、稲場さんはかわいい笑顔のままで手をふってくれたけど、彼女からはなにもことばがなかった。

それから9日後の2月23日に開催された15枚目シングル発売記念イベントの「盛りだくさん会」でも、やはりそうだった。2周した一言サイン会での彼女には、なにか通常とはちがう違和感のようなものを感じたのだった。

自身の卒業が発表される日が近づくなかで、なにも決定していないがごとく、ファンと触れあわなければならなかった稲場愛香さんのことを想うと、さまざまな記憶がよみがえるなかで、彼女の卒業を受け入れるしか選択肢がないことに思いいたるのである。


そのつぎに彼女が自身の卒業をみずから語ったのは、3月22日深夜にBayfmで放送されたラジオ番組『We are Juice=Juice』である。彼女と段原瑠々さんというサブリーダーふたりが出演する回で、当然ともいうべき話題は稲場さんの卒業だった。

翌23日夜には、YouTubeでの配信番組『ハロ！ステ』＃419が公開された。この番組冒頭では、3月20日にJ:COMホール八王子で開催されたJuice=Juiceコンサートツアー「terzo」初日でのMCのようすが伝えられた。

番組のコーナータイトルは「Juice=Juice 稲場愛香からのお知らせ」である。ぼくのようにチケットを入手できなかった稲場さん推しのハロヲタたちに、彼女がコンサート初日に自身の卒業を報告している場面だけを切り取って放送してくれたのだ。

しかも、今回の『ハロ！ステ』ではさらに、「稲場愛香からハロ！ステご覧のアナタへ」というコーナーまで用意されていた。このコーナーでは、稲場さんがカメラ目線でファンにむかって自身の卒業を伝えてくれるのである。

ラジオ番組で声のみで聞かされるばかりでなく、配信番組の動画で稲場さんみずからが自身の卒業を口にするのを、矢継ぎばやにみせられたぼくは、完全に追いこまれてしまった。

彼女の卒業が発表された夜から1週間のあいだに、その現実を突きつける矢が連続して、それを受けとめられないぼくの心に射かけられたのだ。ぼくの心の外濠《そとぼり》は着実に埋められていった。

そして、最後の矢はやはり、彼女が長年パーソナリティをつとめてきた、AIR-G'木曜日のラジオ番組『manakan Palette Box』２０２２年3月24日回だった。番組冒頭で「まずはみなさんにお知らせがあります」と、ほかの場所で語られたのとおなじ内容が稲場愛香さん自身の口からふたたび語られたのである。

そのあとに、彼女がこの回の1曲目として放送したのはJuice=Juice の楽曲〈禁断少女〉なのだ。「この番組のオープニングナンバーにもなっている、わたしがアルバム曲として、Juice=Juice

としては、はじめて参加した曲のなかから、こちらをお聴きください」という紹介である。自身の卒業のことを話したあとで、彼女がJuice=Juiceメンバーとして活動開始したときの最初の曲をオンエアしたのだ。

かくして、ぼくは彼女の卒業への決意を思い知らされた。もう時計の針が戻らないことを容赦なく認識させられると同時に、彼女が卒業するという現実に徹底的に打ちのめされてしまった。

このとき、ぼくのなかでようやく、稲場愛香さんの卒業までのカウントダウンがはじまったのである。

推しの卒業をめぐる「事務所」の対応

彼女の卒業発表後、その既成事実を全面的に押し出して、卒業公演まで盛りあげていこうとする「事務所」の運営方針は、それを受け入れるのに苦労しているぼくの心情をはげしく追いこんだ。

その一方で、稲場愛香さんの卒業と直結するサードアルバム《terzo》発売記念イベントに対する「事務所」の対応に、ぼくはひそかに舌をまいた。そのあまりの手際のよさと彼女のオタクへの配慮に感謝した。

つまり、稲場さんの卒業発表がおこなわれた2022年3月18日以前に、稲場さんが出演するツアー『terzo』、この時期恒例の『ひなフェス』、さらにアルバム関連のイベントなど、それらの参加をめぐる申し込みや予約購入はすでに終わっていたからである。

稲場さんの卒業発表後に新しく申し込めることになっているのは、ツアー最終公演となる日本武道館での彼女の卒業公演のみだった。

稲場愛香さんが出演する最後のツアーとなった「Juice=Juice CONCERT TOUR～terzo～」は、すでに2月中旬には第2次受付の当落が発表されていた。4月最初の週末開催の「ひなフェス」もおなじく、3月上旬に当落確認期間となっている（もちろん、一般発売分のチケット購入は可能だった）。

サードアルバム発売記念と銘打たれたイベントのうち、「リミスタインターネットサイン会」、「WithLIVE インターネットお話し会」の申し込み受付は3月9日21時から同時に開始されて、最初に売り切れたのはやはり稲場愛香さんである。

4月29日、5月22日開催予定の「盛りだくさん会」のほうも、第1次受付が3月11日20時開始だったが、「瞬殺」ということばの意味を痛感した。

このときは、稲場さんの一言サイン会参加券付きCDを買えなかった。前回の「Juice=Juice 14thシングル発売記念イベント」のときもそうだったが、この時期はグループ内での彼女の人気だけが異常に突出しており、今回は商品をカートに入れているうちに、精算直前で売り切れてしまったのである。ひとつも買えなかったのは、このときがはじめてだった。

この第1次受付ですでに、「盛りだくさん会」のすべての部で、稲場さんのグループは最初に完売していた（このポニーキャニオン特設サイトは、稲場さんのイベント参加券だけを買うシステムになっていないために、彼女とおなじグループ分けされているほかのメンバーさんの分も買わないと、彼女の参加券を確実に入手できないのです……）。

稲場愛香さんの卒業発表が２０２２年3月18日というタイミングでおこなわれたこと、すなわち彼女の残りの活動期間が２ヵ月10日ほどしかない時期で卒業が発表されたことの意味は、ここにあるのだ。

もし前述のコンサートやイベントの申し込み以前に、稲場さんの卒業を公表してしまうと、いわば「駆け込み需要」というべきものが発生して、多数のハロヲタがJuice=Juiceのツアーやアルバムイベントの申し込みに殺到してしまったことだろう。

もちろん、卒業するメンバーさんへのそうしたファン人気が急騰することそのものは、「事務所」にとってもけっして悪いことでないはずである。

だが、「事務所」側はあえてそうしない選択をしてくれたようだ。それは日頃からJuice=Juiceをメインで、さらには稲場愛香さん推しで応援しているハロヲタを気づかってくれてのことなのだと思われる。

すなわち、稲場さんの卒業が決まっていようといまいと、ぼくたちJuice=Juice Familyは、Juice=Juiceの公演を中心に申し込むだろうし、稲場さん推しの人びとはイベント参加券に関しては彼女の分をいつもどおりに予約購入するだろうからである。

だからこそ、「事務所」が彼女の卒業発表をそうした申し込みや予約購入が少なくとも稲場さんの分がすべて完売したタイミングでおこなってくれたのは、ぼくのような稲場さん推しにとってはまちがいなく「神対応」なのだ。

ハロー！プロジェクト内でのJuice=Juiceの高い人気はもちろん、彼女の異様な人気ぶりは健在ではあるものの、いつものJuice=Juice Familyと稲場さんオタクのあいだでの争奪戦のみに囲いこんでくれるという事務所のありがたい措置に、ぼくは心から感謝した。自社タレントのファンに対する、なんとうれしい心づかいなのだろうか。

おそらく、「事務所」のほうでは、2021年11月24日に卒業した金澤朋子さんの卒業発表がかなり早めになされたときに生じたイベント参加券購入をめぐって生じた事案を詳細に検討したのちに、ツアーとイベントの申し込み期間とのタイミングを見計らって、稲場愛香さんの卒業発表の日程を決定してくれたようだった。

それゆえに、突然の卒業発表となり、残りの活動期間がわずかふた月ちょっとという事態になってしまったと、いまにして推察されるのだ。

そののちの同年3月31日に写真集『愛land』の重版決定が発表されて、4月26日に書泉ブックタワーで重版発売記念イベントが開催されることになった。すでに申し込みが終了したイベントに参加できないファンに対する救済措置を新しく企画してくれたように思われる。

ところが、1冊につき参加券1枚が付属する写真集を購入するのだが、その冊数の上限が設定されていなかったのだ。メールでの予約受け付けが4月1日正午から開始されると、開始時間とともに300通もの申し込みが殺到して、大半の人が予約不可の返信メールを受け取ったのだ。その後、店頭での予約も新たにはじまったが、今回は1会計あたり写真集1冊という上限で、店頭入口には早朝からの大行列が形成されるという事態になった。

「事務所」はこのことをやはり考慮してくれたのだろうか、5月6日に新たに稲場愛香さんの追加イベントを開催してくれることになった。

このときはひとり上限1冊でのメール申し込みとなり、規定数を超えたばあいは抽選にして、少しでも多くのファンが参加できるようになる購入方法に改善してくれた。じっさいには、おそらくほぼ全員が当選していたようである。

これとはべつに、同年4月15日に「Juice=Juice 稲場愛香　サードアルバム発売記念 With LIVEオンラインお話し会」開催が追加で発表されて、翌日21時から申し込みが開始された。

パソコンのまえで時計の秒針をみながら、受付開始時間を待ちかまえてリロードしたものの、開始後10秒もたたないうちに「完売」との表示である。これまで体験したことのない速度で売り切れた（在庫が復活することもあるので、時間をおいて巡回したが、運がなかった）。

こうしたことを考えあわせると、卒業までふた月半にみたない時期での彼女の卒業発表は、「事務所」がそのタイミングに配慮してくれたと思われる。

たとえば同年3月28日、「BEYOOOOONDS 3rdシングル発売記念ミニライブ&お見送り会イベント」でのCD購入にさいして長時間待たせたことに対するお詫びと今後の改善を、「事務所」側が公表している。

「多くのお客様からご意見・ご要望を頂戴いたしました」とみずから述べる「事務所」のこうした態度は、ファンに対してちゃんと向きあおうとする意志も明確にアナウンスしているのだ。

さすがは、病気療養のために活動を休止した稲場愛香さんの復調を約1年半待ちつづけてくれていた「事務所」なのである。

サイン本写真集のこと

2022年2月14日に発売された3冊目の写真集『愛land』もまた卒業企画のひとつだったといえよう。

彼女のハロプロアイドル時代最後の写真集は、さまざまなメディアで特典ちがいで販売されたのだが、「ワニブックススペシャルエディション」というワニブックスの通販サイトで購入すると、収録されなかったアザーカットL判生写真2枚とともに、抽選で「お客様のお名前入りサイン本」が200名に当たるのである。

これまでの『愛香』(2018年)、『ラヴリネス…』(2021年)でも、サイン本抽選はあったが、今回はとくに200名という破格の当選者数である。このサイト経由でとりあえず1冊は注文したのだが、なにか予感があったのだろうか、その後に、ぼくはまた追加注文した。

ハロプロメンバーのこうした写真集サイン本をぜひとも入手したいばあい、ハロヲタたちは複数、それも極端な冊数を注文しなければ当たらないといわれている。ところが、今回の写真集『愛land』はあらかじめ200冊と明記されていて、ハードルはかなり低めなのである。

やがて2月26日になると、稲場さん推しのハロヲタのもとに写真集が届きはじめる。ぼくの自宅にもかなり大きなダンボール箱が届いた。

開封すると、「ご当選おめでとうございます!!」というチラシとともに、数冊のなかにサイン本というシールがはられた1冊を確認した。ぼくの周囲の稲場さんオタクの方がたもたいてい当選していたようだった。みんながんばったのだ。

写真集を開くと、1ページ目上部にぼくの名前を大きく書いてくれてある！

その下には、manakaをスマイルマークに擬した大きめのいつものサインがあって、さらにその下には私信のような文章がつづいていた。

先生!!　当選おめでとうございます♡
いつもありがとう☺
素の私を沢山楽しんで下さい★★
がんばりまなかん♪

稲場さんの文字は、いつも一言サイン会で書いてもらっているものと同一の落ちついた字体で、けっして殴り書きなどではない。ＳＮＳをのぞいてみると、ほかの当選者たちがアップしている写真も同様で、非常に丁寧に書かれているようにみえた。

さらに、写真集のページをめくっていると、浴衣の稲場さんが机のうえに置いた両手に顔を重ねている見開きのページには、「私の１番のお気に入り★★」と書いてくれている。感無量で声も出ないほどのありがたさである。

これがその場かぎりで書いたものではないのは、YouTubeで公開されている書泉チャンネルをみるとよくわかる。「Juice=Juice 稲場愛香さん ３冊目の写真集『愛land』イベント開催！」（２０２２年２月19日公開）の動画でも、彼女が自分でその見開きページをみせて、お気に入りカットとして紹介しているからである。

稲場さんの同年２月10日付ブログによると、写真集にサインをしてくれたのは発売日５日まえの２月９日で、「ご当選者２００名様／全て書き終えましたよ〜っ／お楽しみに🥰」と書かれていた。

ぼくあての写真集サイン本の１ページ目をひらくたびに、２００冊もあるのに１冊ずつこれほど丁寧にサインしてくれた稲場愛香さんと、やはりそれを企画してくれた「事務所」に対して感謝せずにはいられないのである。

卒業公演までの2ヵ月10日のあいだ

２０２２年３月20日の放送をもって終了した、彼女が月に１度出演するＳＴＶラジオ『D-tunes』最終回を泣きながら聴いた時期のことである。

稲場愛香さんの卒業発表からの卒業公演までの期間、ぼくはすごく情緒不安定になった。夢のなかに生きているみたいで、ふわふわとした感覚だった。ただ道をぼうっと歩いていても、突然に涙がこぼれてくるし、いきつけの焼鳥屋で晩ごはんを食べているときは、焼きおにぎりを泣きながらかじっていた。

しかしながら、ぼくがほんとうに困ったのは、なにかの拍子に突然、無気力状態になってしまうことだった。

ぼくはせっかちな性分で、出版社に依頼された原稿のことを考えたり書いたり、授業の準備をこまめにしたりと、それなりにいつもなにかに没頭している人間なのだが、作業中に、ふと稲場さんの卒業のことが頭をよぎると、急速にやる気が冷めていってしまう。

そうなると、この状態を脱して、ふたたび集中できるようになるまで、かなりいろいろなことを考えて、気もちにちょっとしたふんぎりをつけないといけなくなるのだが、それにはある程度の時間がかかるのである。

非常に申し訳ないのだが、「もうJuice=Juiceもハロー！プロジェクトもどうでもいい。彼女のいないグループなんてどうでもいい……」という喪失感と虚脱感でみたされた感情に支配されてしまう。

そうなのだ、彼女がカントリー・ガールズでの活動を休止し卒業してしまったときの「こじらせ」がかたちをかえて、再発したのだ。

そのあとで、この負の感情をふりきって、「カントリー・ガールズ卒業のときと比較すると、どんなにすばらしいことだろうか。しかも日本武道館という最高の舞台で卒業するのだから」と、自分自身を叱咤激励するのだ。

毎日のように、折りにふれて、これを何度もくりかえしたのだった。


ああ、それにしても、なんということだろう。

いままではすべてが逆だった！

仕事に疲れてきたり、もうひとふんばりというときに、稲場愛香さんが出演する公演や各種イベント、ラジオ番組の放送などが近いことを思いだす。新曲の発売記念イベント、いわゆる「盛りだくさん会」で撮った2ショットチェキや一言サイン会で書いてもらったミニ色紙をみては、そのときの彼女のようすを思い浮かべる。すると、やる気が出てきて、あともう少しがんばり通すことができたのに……。

まさしく振り子のように、感情が片方に振りあがってきた分だけ、反対方向へ同等の高さまで振りあがるのを経験した。

そんなことを思いだすと、彼女の卒業発表のために自分の精神生活がこれほど深刻なダメージを受けていたのだと実感するのだ。

彼女の卒業発表で唯一の救いとなったのは、「事務所」が稲場愛香さんの卒業を告知する文章のなかに、アイドルオタクのだれもが恐れるあのことばがなかったことである。嫌がる心を慰撫《いぶ》しながら3度読み返したのちに、ようやく少しだけ安堵できた。

すなわち、「芸能界引退」である。

「アイドル」とはそもそも、通常の芸能人とはちがって、その肩書きを背負って活動できる期間が限定されているタレントの別称でもあるだろう。

だから、芸能人として活動してくれていれば、肩書きが「元アイドル」にかわっただけのタレントの彼女を応援できるのだ。

ところが、芸能界を引退してしまうと、「元アイドル」の「一般人」になって、ファンとは公的な接点がなくなってしまう。CDを購入したら逢えるというシステムの外側の存在になり、できることといえば、「一般人」となった彼女の幸福を祈ることのみである。

（もっとも、現在はYouTuberとして活躍する「元アイドル」も少なくないようだ。「一般人」と「芸能人」の垣根がかぎりなく低くなっている時代だが、とはいえ、それがそのファンたちが待ち望んでいた卒業後の活動のかたちであるかどうかは、まったくべつのことである。）

だが、この時点で「事務所」から公表された稲場愛香さんの卒業に関して、「たとえ時間がかかっても、試行錯誤しながら〈稲場愛香の活動のかたち〉を見つけることができるようにメンバーそしてスタッフ一同、サポートしていきます」とあって、即座に「芸能界引退」ではないことは確実だった。彼女の今後のタレントとしてのありかたは不明だけれど、ひきつづき芸能活動は継続してくれるようだった。

その可能性をただ信じて、稲場さんの卒業公演までの日々をなんとか耐えしのいでいた。

アルバム発売記念インターネットサイン会にて

稲場愛香さんの卒業公演までひと月半を切った時期の2022年4月19日に生配信されたのは、「Juice=Juice 3rdアルバム《terzo》発売記念リミスタ インターネットサイン会」である。

この日、稲場さんは入江里咲さんとふたりでサイン会に出演したのち、井上玲音《れい》さんの回のMCを担当した。これまで3度のリミスタ体験者である稲場さんは新メンバーの入江さんが委縮しないように、充分に気を配りながらの進行である。

自分の名前を呼んでもらいながら、サインしてもらえるという幸運な当選者たちひとりひとりにしっかりと目線や笑顔で対応しながらも、たくさんの人数分を回していくのは、なかなかたいへんな作業だと思われるし、しかも生配信である。

入江さんは立ち居ふるまいのすべてがほんとうに初々しい。当選者ひとりひとりにきっちりと笑顔を送っているようすには、新鮮なかわいらしさにあふれていて、彼女の大いなる将来性を感じさせた。

一方で、稲場愛香さんは流れていくコメントをときどき拾いながら、惜しくも落選した購入者や視聴者のお願いを聞き入れてくれていた。もちろん、自分が担当するサインもこなしつつ、当選者への気づかいもばっちり忘れないところも、さすがはサブリーダーの貫禄なのである。

3 終わるラジオ番組たち

ラジオ番組『We are Juice=Juice』の卒業企画

２０２２年3月18日に卒業が公表されて以降、稲場愛香さんは多忙をきわめた。通常のレギュラー番組にくわえて、アルバム《terzo》のキャンペーン、週末は春ツアー「Juice=Juice CONCERT TOUR～terzo～」を全国で公演していた。

しかも、上記のとおり、インターネットお話し会、インターネットサイン会、書泉ブックタワーでの写真集重版記念お話し会などの追加イベントが開催された。これらのイベントの出演者はすべて彼女ただひとりなのである。

さらには、植村あかりさん、段原瑠々さん、井上玲香さんがパーソナリティをつとめるラジオ番組にも、ゲスト出演があいついだ。

通常でもインターネットラジオｒａｄｉｋｏで、Juice=Juiceメンバーが出演しているラジオ番組を聴取するだけでもなかなかたいへんなのだが、さすがにアルバムのキャンペーンでコメント出演するローカル放送を追いかけるのは、稲場さん出演分だけでもきびしかった。

２０２２年４月19日はついに、連続出演する冠ラジオ番組『We are Juice=Juice』で稲場愛香さんの卒業企画「推しメンまなかん」が開始された。彼女との思い出をふり返りながら、彼女のすごいところを数えていくという企画である。

この週は有澤一華《ありさわいちか》さん、入江里咲さん、江端妃咲《えばたきさき》さんの新メンバー３人、翌週は工藤由愛さん、松永里愛《りあい》さんのゆめりあいコンビ、第３週目は井上玲音さん、第４週目がサブリーダー段原瑠々さん、第５週目はリーダー植村あかりさん、最後は稲場愛香さんひとりという順番で、これまでの稲場さんとの思い出を語るという内容である。

彼女がひとりでパーソナリティを担当する回は５月24日深夜、ちょうど彼女の卒業公演１週間まえにあたる。

もちろん、こういった企画は稲場さんファンとしてはたいへんありがたいのだけれど、毎週ごとにいやおうなく彼女の卒業までのカウントダウンが進んでいることを再認識してしまうのが、せつなくさびしい。

有澤さんの思い出は、レッスンが終わって疲れているだろうときに、稲場さんがふりつけやステップを教えてくれたこと、入江さんは〈Familia〉のミュージックビデオでのポージングにアドバイスをもらったことやその冒頭の4人で歩くシーン撮影、江端さんは彼女のはじめてのインターネットサイン会のペアが稲場さんで、いっしょによく笑ったこと、普段からチャットでふざけあったりしたことなどだった。

稲場さんの自慢したいところは、有澤さんによると、いつも「アイドル」であること、入江さんにとっては、彼女がどんなときもずっとかわいいこと、江端さんからは、ふりつけを覚えるのがとても速いことと自己管理もしっかりしていて、ストレッチも入念にしていることなどである。

ちなみに、この週の番組最後の曲は最新アルバム収録の新曲のひとつ〈POPPIN' LOVE〉で、稲場さんの卒業を想って涙した有澤さんがじつは、彼女の写真集『愛land』全ヴァージョンを自分で購入していたことが明らかになるというサプライズで終わった。

工藤由愛さんは、ハロプロ研修生北海道時代から、レッスンや公演のあとに助言してもらって、毎回アドバイスと称賛のことばをもらっていたこと、それを後輩たちに語り継いでいきたいと語る一方で、松永里愛さんは、金澤朋子さん卒業後に寄りそってくれた相談相手が稲場さんだったと教えてくれた。

工藤さんが思う稲場さんのすごいところとしては、いつも周囲にきっちりと反応してくれるところで、松永さんにとっては、稲場さんのすべてがすごくて、人とのかかわり方やラジオやイベントでも非常に丁寧なところだという。アンケートの答えかたなどもとても丁寧で、たくさんの学びがあったとのことだった。


井上さんと稲場さんの回は終始明るくて、笑いのたえない放送時間だった。

これまでの回だと、共演メンバーはみんな稲場さんの後輩だったのだが、この回では、稲場さんと井上さんはおたがい同年輩どうしの気安さが楽しいゆるやかな雰囲気を感じさせていた。もちろん、厳密には稲場さんが井上さんの先輩なのだが、そういった上下関係を感じさせることなく、ふたりでふざけあって笑いあう仲のよさがとてもすばらしかった。


段原瑠々さんとの現サブリーダーどうしの「まなるる」回では、稲場愛香さんはついに泣き出してしまう。

段原さんが思う彼女のすごいところは、最後までやりきるところだという。やるべきことを毎回きっちりとこなすために、ほかのメンバーさんにもそのように思わせてくれるし、アイドル活動も手を抜かずにしっかりとまっとうしているから、ファンもそういう稲場さんが好きで、それゆえにファンもこんなに多いのだと、ほめちぎってくれたからである。

稲場さんによると、段原さん自身も同様で、お姉さんのはずの稲場さんが段原さんの妹みたいな立場でたくさん助けてもらって、いつも寄りそってくれたと、稲場さんは感謝を伝えている。稲場さんからの段原さんに対する所感では、段原さんもやりきるタイプのメンバーさんだという点には共感してしまう。

ハロー！プロジェクトに加入できたこと、これまでの活動でいろいろたいへんなときもあって、くじけてしまうこともあったけど、段原さんにやりきったと褒めてもらえたこと、卒業公演もできることがうれしいと、涙ながらに語る稲場愛香さんなのだった。

この回の冒頭では、稲場さんが段原さんのご実家の方がたと非常に親しいつきあいをしていることや、稲場さんのJuice=Juice加入発表日に、たまたまふたりが出社途中で出会ったときのことが聴きどころだった。

段原さんは稲場さん加入のことをすでに聞いていたけれども、この日まではそのことを伏せたままで、しかも稲場さんはハロプロメンバーとして先輩だったために、そのときは「稲場さん」と挨拶をかわしただけだったという。だがこの日、稲場愛香さんは「事務所」でJuice=Juice加入を知らされて、メンバーみんなと対面したが、そのときにふたたび段原瑠々さんと新メンバーとして再会したのである。

植村あかりさんとの回は、犬の話題からはじまった。大型犬にたとえられる彼女のために、「わんちゃんのお洋服」を着てきたという稲場さんである。

植村さんからの稲場さんとの思い出は、いっしょに不思議体験をしてきたことである。ご本人たちによるとかなりスピリチュアルであるため、リスナーさんにはあまり詳しくは話さないほうがいいとのことだった。

稲場さんのダンスが好きな植村さんがたとえば、好きなダンサーさんの高度なパフォーマンスについて稲場さんにたずねると、すぐにそのテクニックについて解説してくれるとのことである。

植村あかりさんによると、稲場さんはメンバーみんなの感情に寄りそうのがうまく、メンバーさんといっしょに落ちこんでくれるそうで、さらには、稲場さんは自分のもっているものを共有するのも、自分の感情を隠さずに、気もちを伝えるのもまた上手だと説明している。

稲場さん自身のことばでは、以前はあまり自分の思っていることを伝えるほうではなかったけれど、相手にとってポジティブだと思えることは伝えていくようになったという。

くわえて、植村さんが飼っていたインコ「はっぴーちゃん」が旅立ったときに、楽屋で植村さんがひとりでいると、稲場さんがそっととなりの席にやってきて、植村さんの話に自然に耳を傾けて、寂しい感情を自然に受けとめてくれたというエピソードである。

この日の公演では植村さんは当然ながら、その気もちを隠して、パフォーマンスしていたが、後半の楽曲で「がんばった！」というジェスチャーを稲場さんに伝えたとき、植村さんははじめて稲場さんを姉のように感じたとのことだった。

自分がひとりのJuice=Juice Familyだったら、自分の「推しメン」は稲場さんだっただろうとか、稲場さんオタクがうれしくなることをいってくれる3代目リーダーである。

こうして、明るい植村さんと稲場さんの回は、すてきな思い出話の花が咲いたという印象で進行していった。


5月24日深夜、ついに稲場愛香さんがソロで出演する『We are Juice=Juice』の放送がはじまった。ついに稲場さんの卒業公演まであと1週間と迫っていた時期である。

9年間におよぶ研修生からのハロプロアイドルとしての経歴を、彼女自身がふり返っている。研修生のときからたいへんなことも体験したし、たくさん勉強させてもらったと述懐する稲場さんによると、2018年6月13日に加入したJuice=Juiceのセカンドアルバム《¡Una más!》では〈禁断少女〉、〈素直に甘えて〉、〈シンクロ。〉の3曲しか参加しなかったが、サードアルバム《terzo》では、すべての楽曲に参加しているために、当時を思いだすと、時間の流れを感じるとのことだった。

それゆえに、とくにセカンドアルバムの3曲、〈禁断少女〉、〈素直に甘えて〉、〈シンクロ。〉

には思い入れが強いそうである。

そして、彼女がJuice=Juiceメンバーとして参加した最後のCDもアルバムだった。Juice=Juice通算3枚目となるアルバム《terzo》は彼女の活動期間のシングル楽曲すべてを収録しており、Juice=Juice稲場愛香さんの活動は、アルバムではじまって、アルバムでおわったのである。

このサードアルバムは2022年4月29日発表の「オリコン週間アルバムランキング」第1位を獲得して、稲場愛香さんの卒業にそえる花となった。

番組ではひきつづき、ほかのメンバー8人のことをひとりずつ語っていく。最後にはみんなに「ありがとう！　大好き！」と伝えている。

ラストナンバーはJuice=Juiceの楽曲〈未来へ、さあ走り出せ！〉。卒業後の稲場さん自身とその後のJuice=Juiceの輝かしい未来を願っての選曲であるのはまちがいない。

番組最後には、彼女による自身の卒業公演についての告知である。

そして、「番組最後のひとこと」は「ほんとうにありがとうございました！　がんばりまなかん！」、彼女が出演する『We are Juice=Juice』は有終の美をかざったのだった。

最後のゲスト出演

Juice=Juice元メンバーの宮本佳林さんがパーソナリティをつとめるラジオ日本『宮本佳林の雑談ラジオ』は、彼女の独創的な世界観でみたされた番組である。このラジオ番組にも、稲場愛香さんは２０２２年４月30日と翌週５月７日に２度の出演をはたした。

稲場さんが出演した初回は、宮本さんが冒頭で「９割ほどウソいってる番組だから」という番組紹介を稲場さんにつたえるところからはじまった。Juice=Juice時代はエースだった宮本佳林さんの健在ぶりがよくうかがえて、彼女のちょっと稀有な個性があいかわらず炸裂している。

その後も、宮本さんからは、稲場さん加入後は自分のオタクがだんだん稲場さんに「推し変」していったなどと、ゲストの彼女をぎょっとさせる発言が飛びだす。とはいえ、宮本さん当人はなんの意図もなく、ただ当時をおもしろそうに回想しているだけなのだ。

稲場さん２回目の出演回も終始、宮本さんペースで進行していった。稲場さん卒業の翌月に卒業する予定のモーニング娘。’22（稲場さんとおなじく元カントリー・ガールズ）の森戸知沙希さんと稲場さんに浴衣を着せて、金魚すくいさせたい。森戸さんの浴衣がぬれると、稲場さんがハンカチを差しだすようすを遠くから望遠カメラでみていたいなど、宮本さんの妄想ワールドが展開する。

宮本佳林さんのほうがゲストの稲場愛香さんよりも多くしゃべっていたし、じっさいに稲場さんは宮本さんの勢いにずっと押され気味だったけれど、これでよいのだ。

ゲスト出演の彼女とともに、リスナーもまた、そんな宮本さんのおもしろさを楽しんでいるのだから。卒業を控えた稲場さん相手にしめっぽくならずに、マイペースで自分のしゃべりたいことを元気に話しつづける宮本佳林さんが、みんな大好きなのだから。

番組後半では、卒業間近《まぢか》の稲場さんに、卒業したメンバーとしての体験を宮本さんが語る場面もあった。

卒業が近くなると、自分ぬきでほかのメンバーさんのつぎの仕事がはじまったり、卒業後にソロ活動するようになって、自分ひとりで〈現場〉まで移動したりするのがさびしく感じたという宮本さんの体験談を、稲場愛香さんは感慨深そうに聴いていたのである。

Juice=Juiceメンバーがパーソナリティを担当するラジオ番組でも、彼女のゲスト出演があいついだ。

『宮本佳林の雑談ラジオ』にくわえて、ラジオ日本『爆夜～BAKUNAI』4月24日、5月1日放送回では、放送作家の元祖爆笑王氏と、アシスタントは植村あかりさん、段原瑠々さん同時出演にくわえて（通常は交代で担当するゆえに、おふたりの同時出演はめずらしいのだ）、稲場愛香さんがゲストだった。

暴露話として披露されたのは、段原さんの部屋に植村さんと稲場さんがお泊りしたときのエピソードである。

この番組にはすでに出演経験がある稲場さんは、元祖爆笑王氏とも顔なじみであるし、Juice=Juiceメンバーとして4年近くいっしょに活動しているリーダー植村さんとサブリーダー段原さんがいっしょなのだから、とても安心した語りの場となった。

『manakan Palette Box』２０２２年4月28日放送回は、コロナ禍を経過したのちの2年ぶりのスタジオ収録で、ゲストが工藤由愛さんというスペシャル回だった。しかし、この日の放送ではついに同年5月24日の放送をもって終了することが告知された。

彼女のハロー！プロジェクト復帰後まもない時期から担当していた、同局『IMAREAL』木曜日のコーナー『(Juice=Juice) 稲場愛香のまなりある』の延長線上の位置にあり、おなじく木曜日の夜に放送されてきたこのラジオ番組までがついに終わってしまう。

5月のメールテーマは「思い出の名シーン&名場面」で、彼女のJuice=Juiceでの活動を通して、あなたが思い出に残っているミュージックビデオやライブ、同番組で印象に残っている放送回など、「あなたが選ぶ名シーン&名場面」の募集がはじまっていた。

毎回の放送最後に稲場さんがいってくれる「あしたもがんばりまなかん！」がもう聴けなくなるかと思うと、もういても立ってもいられなくなってしまう。

もちろん、彼女の卒業までの経過としては当然の帰結なのだが、半分は悲しくあり、もう半分はあきらめがついたという心情になった。稲場さん本人の意志とそれを受けた「事務所」の運営方針に対して、ファンひとりがどうこうできるものでは到底ないゆえに、最初から勝ち目のない（心の）戦いなのである。

そして、稲場愛香さんの卒業まであとひと月となった時期には、その決定事項に少しずつむきあう余裕が出てきた。4月29日の「盛りだくさん会」で、彼女と直接逢って話したからなのだろう。

この時期には、金澤朋子さんの卒業公演のソフトをみながら、稲場愛香さんの日本武道館公演はどんな演出がなされるのだろうかとか、特典映像のバックステージ映像が40分近いボリュームがある金澤さんのときぐらいはほしいなどと考えることもあった。

とはいえ、突如としておそってくる無気力状態にはときどき苦しんでいたし、その度ごとの負の感情を克服するさいには、非常に大きな苦痛をともなっていたのである。

オタクの肖像1

●「かなこ」さん●

ぼくが稲場愛香さんを追いかけて、〈現場〉に通うようになって間もない時期に知りあったのが、かなこさんのだんなさまである。それ以来、モーニング娘。元メンバーの保田圭《やすだけい》さん推しどうしでご結婚されたという、こちらのご夫婦と親しくしていただいている。

かなこさんご夫婦は現在でも保田さんを応援しつづけていて、たとえば彼女が出演した「オール千葉おもてなし隊」のイベントが２０２２年６月26日の千葉マリンスタジアムで開催されたさいにも、おふたりで仲よく出かけていた（異常に暑かった夏日の野外イベントである！）。

かつてのモーニング娘。をぼくはそれほど知らないのだが、保田圭さんについては抜群の歌唱スキルにくわえて、ほかのメンバーさんの写真集の撮影地が海外のリゾート地だったりする一方で、彼女は写真集のロケ地がかつての「事務所」があった近隣の麻布十番だったという有名なエピソードぐらいは存じあげている。

とはいえ現在も、かなこさんはモーニング娘。'23を中心に、ハロー！プロジェクトやその卒業メンバーをずっと応援しつづけていたが、そのかなこさんに突如、おそいかかったのは2022年9月3日に発表された加賀楓さんの卒業である。

彼女のモーニング娘。'23での一推しは生田衣梨奈さんだが、モーニング娘。現役メンバーのオタクとして復帰したのは、第13期メンバー加賀楓さん、横山玲奈さん加入がきっかけであったために、おふたりには特別な思い入れがあるのだ。

卒業の気配をいっさい感じさせなかったなかでの加賀さんの突然の卒業発表は、ほかの加賀楓さんオタクと同様に青天の霹靂《へきれき》で、かなこさんのハロヲタ人生を震撼させた事件だった。加賀さんの卒業発表直後、かなこさんはその苦しい胸のうちを伝えてきた。

保田圭さんの卒業を経験した彼女のハロヲタ人生がどんなに長くても、アイドルの卒業とは、いつであろうと、どんな理由であっても、オタクにとってはせつなくさびしいものなのだ。


こちらのご夫婦にはずいぶんと親しくしてもらっていて、ご自宅にうかがわせていただくことも少なくない。

2020年7月4日にスカパー！のテレ朝チャンネル1で放送された、当時の全ハロプロメンバーがソロパフォーマンスを順番に披露した『ソロフェス！』をいっしょに楽しませてもらったのも、夕方に「高木紗友希のJuice=Juiceでの活動終了に関するお知らせ」が発表された2021年2月12日金曜日の夜、ぬぐいがたい憤怒と憎悪の感情を必死に押さえながら、テレビ朝日系音楽番組『MUSIC STATION』をみたのも、かなこさん夫婦のご自宅のリビングだった。

コロナ禍に突入して、〈現場〉でコレクション系のグッズが発売されなくなると、ありがたいことに、このご夫婦はぼくが通販で購入したランダムアソートの稲場さんグッズをオンラインで募集して、トレードしてくれていた。

そのかわり、ぼくが仕事で大阪に滞在しているときに、日本橋恵美須町のハロー！プロジェクトオフィシャルショップ大阪店限定のグッズが週末に発売されると、それを買いにいって、首都圏在住の彼女に送るのがぼくのつねだった。

「Hello! Project 2021 秋 続・花鳥風月」チーム風の公演が愛知県豊橋市のアイプラザ豊橋で開催された2021年10月24日は、昼過ぎにまず地下鉄堺筋線でオフィシャルショップ大阪店へむかった。前日に大阪店限定の「コレクション商品 ミニアクリルチャーム」が発売されたからである。

そして、日本橋恵美須町の「ハロショ」でこのガチャを十数回まわしたのち、新大阪まで地下鉄を乗りついだ。

いざ開演まえの豊橋公演の会場に到着してみると、かなこさんと親しい加賀楓さんオタクの女性が待っていた。こうして、首都圏から遠征してきた彼女を経由して、大阪店限定グッズがかなこさんの手もとに届けられるのだ。

それからいつものように、彼女はＳＮＳで募集して、生田さん、加賀さん、横山さんのミニアクリルチャームとともに、稲場愛香さんのものまでトレードしてくれたのである。

2

推し卒業後の〈現場〉にゆく

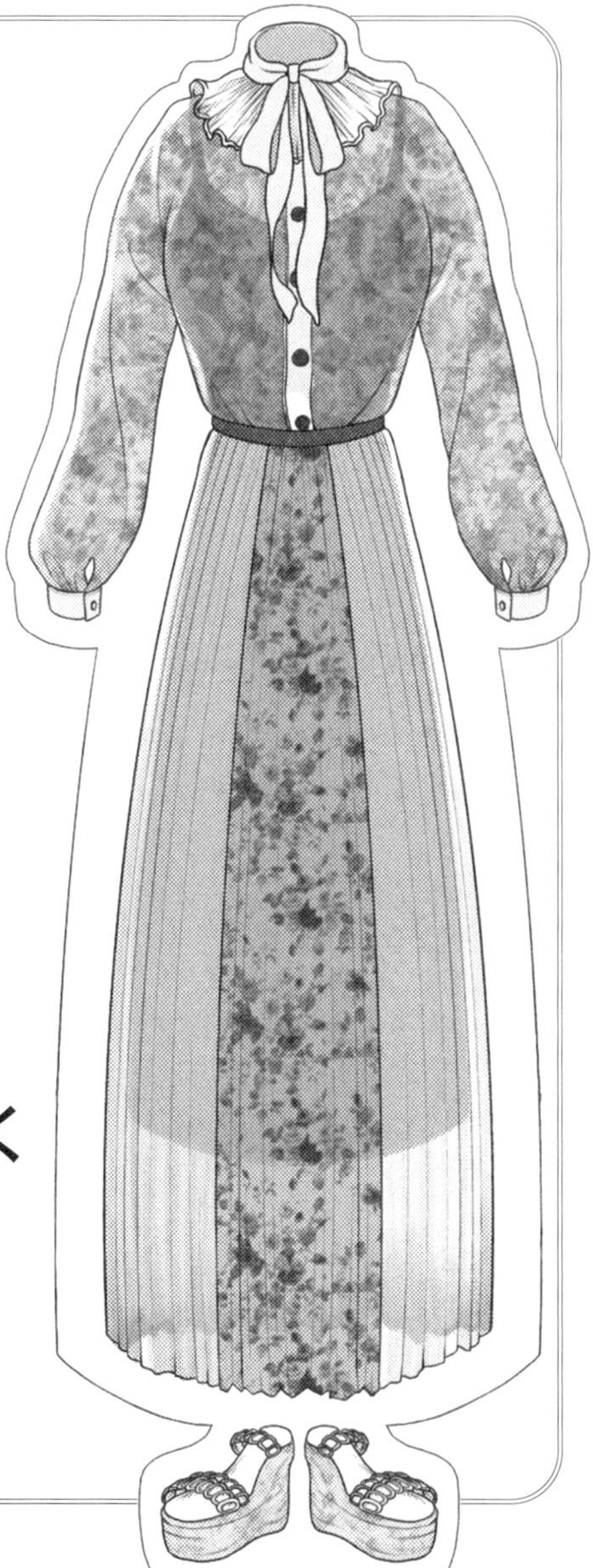

『paseo Final Walkers』
2022年７月22日公開生放送時の衣装

札幌駅の商業施設パセオでおこなわれたラジオ公開生放送の担当１回目の７月22日のときのもので、ファッションブランドADELLYのプリーツフリルリボンブラウスとパネルプリーツスカート（ともにピンクフラワープリントベース）である。

トップス部分にはオーガンザ生地が使用されており、大きな襟がアイボリーで、リボンと前立てと袖口が淡いライトブルーである。ハイウエストのロングスカートのベルト部分はホットピンクで、スカート両サイドのチュールは右側がライトパープル、左側がリボンなどと同様のライトブルーで、ガーリーなデザインが強調されている。

ラジオの公開生放送の〈現場〉で、こんなにかわいいセットアップ・コーディネイトを着用した稲場愛香さんをみると、アイドルを卒業したにもかかわらず、なおいまだ現役といってもよいほどで、かわいい衣装との相性のよさに眼をみはってしまう。

この衣装に身をつつんだ彼女がラジオの公開生放送で話しているのをずっと見守っていられた無料イベントは、稲場さんオタクにとって、2022年夏限定の非常に貴重な〈現場〉だった。彼女のM-line club加入が発表されるのは、同年秋10月中旬のことである。

なお、この衣装は『anan』No. 2319増刊号（マガジンハウス、2022年）のモーニング娘。'22特集記事で、表紙や70、76、77ページで第13期メンバー横山玲奈《れいな》さんが着ているものと同一のようだ。稲場さんが着用していたものかどうかは不明だが、グラビアでは横山さんもかなりかわいらしく着こなしているという印象である。

1　映画『あの頃。』を観にゆく

ハロヲタの青春物語

劔《つるぎ》樹《みき》人《と》原作の劇場作品『あの頃。』は２０２１年２月19日から全国で公開された。

この時期は２度目の緊急事態宣言が同年１月８日から発令されており、解除されたのは３月21日のことである。

しかも、４月25日からは３度目の緊急事態宣言が発令されて、その後にはまた映画館が営業休止することになったという時期のはざまに公開された映画だった。

『あの頃。』のブルーレイソフトのパッケージには、「松坂桃李主演×今泉力哉監督で贈る、ハロー！プロジェクトにすべてをささげた男たちの笑いと涙の青春叙事詩。２０００年代初頭。モーニング娘。を愛してやまない〝ハロヲタ〟たちが放った熱量をリアルに描いた劔樹人の自伝的コミックエッセイ『あの頃。男子かしまし物語』を映画化」とある。

すなわち、男性ハロヲタたちが主人公の青春物語である。とはいえ、原作本の冒頭と末尾に「中学10年生の夏休みのような、そんな毎日」と書かれているとおり、年齢的には立派な成人男性たちの青春群像ものである。

いわゆる「下ネタ」も少なからずあるけれど、たいていの成人男性が見聞きするような一般的なレベルのものだと思われる（もっとも、繊細な感性の方には要注意である）。

この原作を読了して思うのは、著者の劔樹人さんの心やさしい人柄とその表現力の秀逸さがきわだっていることである。コミックエッセイとはいうものの、登場人物たちを描く線は少ないし、絵柄はいわゆる「ヘタウマ」の部類である。

とはいえ、その少ない線がかたちづくる登場人物たちの描写はとても生き生きとしていて、仲間たちに対するやさしいまなざしも人物描写ににじみ出ているだろう。

たとえば原作のみのエピソードだが、かつての千里セルシーで開催されたBerryz工房のシングル発売記念ミニライブ&握手会に参戦する回は笑ってしまう。

このグループのメンバーさんの平均年齢が非常に低いために（最年少メンバーの菅谷《すがや》梨沙子《りさこ》さんは当時9歳！）、「みんな、必死で自分はロリコンではないとアピールしながらも、ハマる事を決して避けられない状況」になっており、「女子小学生と握手という未曾有《みぞう》の体験」を求めて、大阪北摂の千里ニュータウンの千里中央駅へくりだすのだ。

この映画に登場するモーニング娘。や松浦亜弥さんなどのハロー！プロジェクトメンバーは当時の映像や音声のみでの出演となっているが、現役メンバーでただひとり出演したのはBEYOOOOONDS雨ノ森 川海の山﨑《やまざき》夢羽《ゆはね》さんである。

劇中、松坂さんが演じる主人公が松浦亜弥さんの握手会に当選、会場で松浦さんと握手するシーンで、山﨑さんは松浦さん役で出演をはたしている。ぼくのように〈現場〉で松浦さんをみたことのない人間には、一瞬、ご本人ではないかと錯覚してしまうほどの再現度の高さである。パンフレットに掲載されている南波一海氏のレビューによると、かつてモーニング娘。のオーディションを受けたこともある彼女のお母さんが松浦さんのファンで、幼少期の山﨑さんは寝るまえに彼女の楽曲を聴かされて育ってきたそうである。それゆえ、山﨑夢羽さんが松浦亜弥さんを演じたことには、まさしく運命的なものが感じられる。

一方で、主演の松坂桃李さんもハロー！プロジェクトとは浅からぬ縁があった。松浦亜弥さんのオタクという役を引き受けた理由が、じつは松浦さんがかれの中学校の先輩で、松坂さんが中学1年生のときに、松浦さんが中学3年生で在籍していた縁がおもしろかったからと、ソフトの特典映像の「座談会」で述べている。

当時中学生だった松坂さんが松浦さんにサインをもらいにいくと、「事務所にとめられていて」と断られたそうだが、いまの自分なら、そのときの松浦亜弥さんの気もちがわかると、懐かしそうに笑顔で語る松坂桃李さんはとてもすてきな方である。

エキストラ募集

2020年1月に、この映画のボランティアエキストラ募集がハロー!プロジェクトオフィシャルファンクラブでも大々的におこなわれた。当時の〈現場〉を知ることのない著者には、そもそも参加資格がないようなものである。

募集人数200人で規模は大きく、集合時間は8時ごろ、撮影終了時間は21時ごろ予定となっており、かなりの長時間の撮影である。製作スタッフの本気ぶりがうかがえるのは、撮影シーンの設定が非常に具体的だからである。

2004年　秋　松浦亜弥さんのコンサートツアー／ファンの集い　イベントシーン
2005年　春　石川梨華さんの卒業コンサート会場　イベントシーン

そのうえ、「もしお持ちであれば　**当時のコンサートに参加する時に着ていたような服やオフィシャルのグッズ**をお持ちいただければ幸いです」と、衣装や小道具まで詳細に指定していることに、このふたつのシーンを厳密に再現しようとするスタッフの意気ごみが明確にあらわれているだろう。

この映画で描かれているシーンは概して、原作者による時代考証がしっかりとおこなわれている。たとえば、主人公の部屋の小道具でまず眼に入ったのは、スケルトンボディーのｉＭａｃである。現在はさらなる小型化・軽量化が進むパソコンだが、21世紀ゼロ年代前半において、パソコンらしくないおしゃれなディスプレイ一体型が大人気を博したのを思いださせる。

くわえて、たくさんのハロヲタが登場するイベントやコンサートのシーンでは、数人の有名なハロヲタの方を演じる役者さんを当時の衣装ごと用意していて、おなじくかつてを知る古参の方がたには、だれなのかがすぐに特定できるようだ。

個人的には、少し親しい方をおひとりだけ劇中で確認できた。とはいえ、役者の方がふくぶくしくて、ご本人にまったく似ていなかったり、首都圏の〈現場〉しか参戦しないかれが大阪の松浦亜弥さんの〈現場〉にいたりするのだが、さほど気にするべきではない。

というのも、そんなささいなことに拘泥《こうでい》しなくても、2004年から05年にかけてのハロー！プロジェクトの〈現場〉の雰囲気がみごとに再現されており、同時代の熱気が充分に伝わってくる映像となっているからである。

そして、この劇場作品に少なからず貢献しているのは、長時間拘束されたはずのエキストラとして参加したハロヲタの先輩がたなのはまちがいないだろう。

パンフレットでの原作者インタビューやソフトの特典映像によると、劔樹人さんは主演の松坂桃李さん、中野太賀さん、山中崇さんといっしょにモーニング娘。'19のコンサート（2019年12月5日に国立代々木競技場第一体育館で開催された「モーニング娘。'19コンサートツアー秋〜KOKORO&KARADA〜FINAL」だと思われる）を観覧したり、原作者みずから松坂さんにベースの弾きかたを指導したりしたことが公表されている。物語の舞台となった時代の再現にどこまでも余念がなかった映画なのである。

テーマ曲が〈恋ＩＮＧ〉

モーニング娘。の楽曲〈恋ＩＮＧ〉は、『あの頃。』劇中で3度、使用される。ぼくがにわかハロヲタゆえに、劇中で描かれた当時のモーニング娘。や松浦亜弥さんの楽曲はほんとうに有名なものしか知らない。そのために、この楽曲も当時から知っていたわけではない。

ところが映画鑑賞中のことだが、〈恋ＩＮＧ〉を登場人物たちが合唱しているシーンで、このときはタイトルも知らなかったはずなのに、記憶のどこかでかつて聞いたことがあるという、おぼろげな感覚があった。しかし、どこで聴いたかをまったく思いだせないのだ。

しばらく恋愛から遠ざかっていた女性がふたたび恋に夢中になったことへのとまどいとうれしさを描く歌詞はすばらしくて、メロディーもイントロ部分からとても美しい。さらに、落ちサビまでの間奏部分のギターソロもかっこよくて、中毒性が高い楽曲である。

この楽曲についていろいろ調べてみると、個人的には2度、稲場愛香さんが歌うのをみていたようだ。

1度目は、ぼくのはじめての〈現場〉である。２０１7年11月23日の「ハロプロ研修生北海道定期公演Ｖｏｌ.５」で、稲場さんがソロでパフォーマンスするのを聴いたはずなのだ。

このときは、カントリー・ガールズの楽曲〈恋泥棒〉のほうをよく覚えていて、〈恋ＩＮＧ〉は当時まだ知らなかったゆえに覚えてはいなかったのだが、メロディーが耳に残っていたらしい。

そして、2度目は『ソロフェス！』での稲場さんである。２０２０年7月4日に放送されたスカパー！テレ朝チャンネル1のこの音楽番組では、ハロプロメンバー総勢52人が競演しており、メンバー全員がみずからのプロデュースでソロパフォーマンスを披露するというコンセプトで、さらにメンバー自身の投票でＭＶＰを決定するという企画だった。

同番組内で、20番目の稲場愛香さんがパフォーマンスしたのが〈恋ＩＮＧ〉である。

この意外な選曲は、ＭＣの℃-ute元メンバー矢島舞美《やじままいみ》さんに「稲場ちゃんといえば、ダンスっていう感じだから、もっとガンガンに踊って激しいのかなって思ってたけど」と言わしめた。

ところが、稲場さんの企図としては、「ダンスの印象があまりない曲なので、自分自身で振りをつくることによって、そこを出せたらいいなとは思って、やってみました」という、あえて野心的に挑戦した楽曲なのだ。

ダンスを踊っている稲場さんが好きなぼくには、間奏のダンスパフォーマンスもまたみどころのひとつだった。

とはいえ、このときもオタク仲間の自宅で1度みたきりであったために、この楽曲のことは記憶のかたすみへと追いやられてしまっていた。

そのために、『あの頃。』劇中で聴いたときに、どこかで聞き覚えがあったのだが、劇中で3

度目に流れるエンディングまでみてようやく、〈恋ＩＮＧ〉という楽曲をきっちりと認識できた。

　そして、卒業後の２０２２年10月18日にハロプロＯＧアーティストが所属するファンクラブM-line clubに加入した稲場愛香さんがゲストとしてはじめて出演した、同年12月24日開催の「M-line Special ～ My Wish ～ 2022」めぐろパーシモンホール公演で、ふたたび彼女はソロで〈恋ＩＮＧ〉を歌うのである。

石川梨華さんの卒業公演

　主要登場人物たち６人（原作では７人）は、映画と原作の両方で、どんな仕事をしているのかがよくわからない一般人として描かれているが、じつは半分以上の方が当時から芸能活動をしていたようだ。

　たとえば、劇中で山中崇さんが演じた「ロビ先輩」は、大阪芸術大学の学生を中心に結成されたロックバンド赤犬のコーラスであるロビン前田さんで、現在もＤＪやトークライブなどの活動をおこなっている方である。吉田豪『証言モーオタ ～彼らが熱く狂っていた時代～』（白夜書房、２０２１年）にも、かれのインタビューが旧知の原作者劔樹人さんのものとともに収録されている。

　このロビ先輩が石川梨華さんオタクで、物語中盤、２００５年５月に日本武道館で開催された石川さんの卒業公演のために、「恋愛研究会。」（登場人物たちで結成されたバンド）の面々がワンボックスカーで大阪から東京まで遠征するシーンがある。

『あの頃。』を映画館で観たときはもちろん、それなりに感情移入したのだが、この場面を稲場愛香さんの卒業発表後にソフトで見返すと、まったくちがうものに感じてしまう。

矢口真里さんのラジオ番組出演中の石川梨華さんが自身の卒業を発表するところを録音したカセットテープ（！）を、車中のロビ先輩がラジカセで聴きなおしている。

「何べん聴いても納得できへん……。梨華ちゃぁん、ウソやろ……」とつぶやきながら、呆然と車窓から外をながめる場面が、まるで稲場愛香さんの卒業発表を知ったときの自分をみているようなのだ。

ラジオ番組『D-tunes』最終回で、彼女が自身の卒業について語るのを聴いたのとまったくおなじである。

もともと、この映画はハロヲタたちが登場人物たちに自分を投影させてしまうシーンが多分にあるのだが、稲場さんの卒業発表後には、ぼく自身もまたロビ先輩とおなじく、受け入れがたい現実を何度も再認識して、受けとめようと反復していたのだった。

だが、これは自分の推しの卒業発表にさいして、アイドルオタクなら、だれもが体験したことではないだろうか。

ラストシーンと〈恋ーNG〉

『あの頃。』のコズミン（原作ではコッリン）を演じるのは中野太賀さんで、「ネット弁慶」で少し性悪だが、小者感ゆえにどこか憎めないという役どころである。

この映画のラストシーンは、じつは原作にはない。ラスト直前のシーンまでが原作にある場面で、コッリン死後に数年が経過したのちの主人公の心象風景が描かれている。

原作だと、「あの頃」のことを回想しながら、コッリンに現在のことを語っている劒のまえに、「つるさん」と突如、「あの頃」のままのコッリンが現れる。そして、かつてのように、コッリンがセクシー女優のイベントに劒を誘うと、コッリンのうしろには「あの頃」の仲間がみんなそろっていて、「もちろん…／いきますよ」と答えて、コッリンと仲間たちのほうへ向かおうとするシーンで終わるのだ。

映画では、劒役の松坂桃李さんとコズミン役の中野太賀さんのふたりが橋のうえで会話をかわす場面となっている。

「つるさん!」
「コズミン。かわってないね」
「自分、ちょっと老けたなあ」
「はぁ?」

「東京でなにしてるんか知らんけど、もうアイドルあきたんちゃうか」

「ちぇ、なにいってるんですか。道重さゆみが30になって、すっごくいいことといったの知らないでしょ」

「ええっ、なんや、なにをゆうてくれはったんや」

「〈10代はかわいい、20代は超かわいい、30代は超超かわいい、わたしはつねにピークなんです〉って」

「ほんまぁ、かっこええなあ……。悔しいわぁ……」

「あ、BEYOOOOONDSも知らないでしょ、ぜったいコズミン好きですよ」

「ほんまかあ？　いや、ずるいわあ、自分……」

「モーニングもあいかわらず最高です」

「そんなんいわれたら、ライブいきたくなるやろ！」

（笑いあうふたり）

「おれ、これからいくんですよね」（サムズアップする劔）

「ほな、おれもついていこかな」

「はぁ」

「ゆうとくけど、自分のおごりやでぇ」（笑いかけるコズミン）

「わかってますって！」

それから、劔はコズミンの横を素通りして、橋をわたっていく。それを笑顔で見送るコズミン。だが、橋をわたっていくのはひとり、うしろ姿の劔だけなのだ。

会話だけを耳にすると、ひさしぶりに会ったハロヲタどうしのたわいもないやりとりにすぎない。コズミンが数年まえに病死していることさえ知らなければ。

この場面のあと、映画『あの頃。』のほんとうのラストシーンとなる。原作を補完するかのように挿入されるオリジナルシーンだが、エンディングテーマの〈恋ＩＮＧ〉がきわめて重要な意味をもっている。

このエンディングテーマこそが『あの頃。』というハロヲタを描いた青春映画を、ほかの一般の青春映画よりも異質かつすぐれたものにしているのだ。

重厚なラストシーンに最高のタイミングで流れる〈恋ＩＮＧ〉という楽曲が、コズミンや恋愛研究会。のメンバーにとって「あの頃」がどれほど大切な時間だったかという作品テーマをみごとに表現して、この映画は幕を閉じる。

ハロヲタであれば、いまこの瞬間にハロー！プロジェクトを応援できることに感謝せずにはいられないという余韻を、観客のハロヲタ全員の心に残す映画なのである。

2　宮本佳林さんのリリースイベントにゆく

ひさびさの神戸ハーバーランド

稲場愛香さん卒業から約ひと月後の２０２２年６月26日、神戸ハーバーランド・スペースシアターで開催された宮本佳林さんのリリースイベントにいってみた。「宮本佳林 2nd ＣＤシングル〈なんてったって I Love You／ハウリング〉発売記念ミニライブ＆お見送り会」である。

札幌駅の商業施設パセオでの稲場さんのラジオ公開生放送番組出演が発表されて、少し元気が出てきたころだった。この時期は宮本さんが毎週末にインスタライブをやってくれていたりと、Juice=Juice 時代にかなり魅了された彼女のステージをひさしぶりに間近でみたくなったからである。

数年ぶりにスペースシアターにやってきたのだが、前回はおそらく２０１９年６月２日のJuice=Juice〈「ひとりで生きられそう」って　それってねえ、褒めているの？／25歳永遠説〉のリリースイベントのときだったはずである。

その前日にはＮＨＫ大阪ホールで「Juice=Juice CONCERT TOUR 2019 ～Juicefull!!!!!!!～」２公演、翌日は神戸ハーバーランドでのリリースイベントでのミニライブ３公演が開催されて、この2日間のすべてに参加した。

Juice=Juiceは2週間後の6月17日の日本武道館公演で宮崎由加さんの卒業を控えていたものの、現在からすると、Juice=Juice Familyにとってはコロナ禍以前のもっとも幸せな時期の週末だったのではないだろうか。2022年夏の時点で、それがもう3年もまえのことなのだ。

2020年2月になると、さまざまな場面でコロナ禍の影響によるステージングの変更があった。そして最初の緊急事態宣言が4月上旬に発令されると、ハロー！プロジェクトもほかのエンターテイメント産業と同様に、あらゆる公演が中止になってしまう。

その後、同年9月に「Hello! Project 2020 ～ The Ballad ～」公演が開催された。しかし、これまでのように、グループ別のコンサートやライブではなくなり、全グループをいくつかのチームに分割して、J-POPの名曲バラード群をメンバーがひとりずつで歌うという様式となった。同時に観客に対して、「着席」、「声出し応援の禁止」、「ペンライトでの応援は胸もとの高さまで」、「規制退場」（スタッフの指示にしたがって順番に退場）が観覧時の新しいマナーとして発表されている。

それから2年ぶりの2022年春の公演「Hello! Project 2022 Spring CITY CIRCUIT」で、ようやくグループ個別でのツアーが開催された。かくして、「Juice=Juice CONCERT TOUR ～terzo～」が稲場愛香さん最後のホールコンサートツアーとなったのだった。

ぼくのばあい、コロナ禍の〈現場〉でいつもスタッフの方に世話をかけてしまうのが、「COVID-19追跡システム」の登録と登録完了画面の入場時での確認である。

いままで1度も携帯電話をもったことのないぼくは携帯電話での登録ができないために、自分のメールアドレスおよび公演回と席番号を書いた用紙と引き換えに、紙の確認証をもらって、それを入場時にスタッフの方に提示するのだ。

スマートフォンをもたないという「多様性」を認めてくれてありがたいと思う一方で、手間暇をかけて申し訳なく思ったのも、確かである。

コロナ禍によってさまざまな領域でデジタル化がますます進行しつつある現在、2023年5月1日から申し込みが開始された「Juice=Juice 段原瑠々バースデーイベント2023」には「※電子チケット入場（スマートフォン必須）※」とタイトルに書かれており、ついに「顔認証を用いた電子チケット」がハロー！プロジェクトのファンクラブイベントに導入された。いずればくがスマートフォンをもつ時期も近いように思われる。

この日、イベント会場付近のCD特設販売所の列にならんだのは朝9時まえである。10時から販売開始なので、1時間まえの時点で20人ほどがならんで待っている。やがて9時になると、約20人のスタッフが現れて、ステージや優先観覧エリアの設営がはじまった。

ステージの音響担当スタッフの方はやはり、マイクやスピーカーを何度も念入りにテストしている。マイクに発声していたり、大音響で洋楽が流れたりするのだが、そういう入念な準備のようすを一種の「風物詩」のようにながめて待っているのも、ひさしぶりである。

すると、だんだんと期待感が高まってきて、黙って立ったままで1時間待っているのも苦にならなかった。そのぐらい懐かしい感覚である。そして、稲場愛香さんの卒業までにもう1度はJuice=Juiceのリリースイベントにいきたかったと、つい思ってしまうのだった。

CDを買い直す

1時間が過ぎて、いざ特設販売所で1会計での上限CD3セット（6枚分）を購入、優先エリア入場券とお見送り会参加券を3枚ずつもらった。

優先エリア入場券の整理番号は全3部のどれもが100番前後、これは買い直さなければならない番号である。優先エリアへ若い番号順に呼び出されて入場するためだが、ひさびさのイベント〈現場〉でのミニライブ、できれば最前列か2列目で宮本佳林さんをみたいのだ。

とはいえ、一瞬、ならび直すことに躊躇《ちゅうちょ》してしまった。

というのも、ミニライブの優先エリア入場券を入手するためにもう1度、通常版Aと通常版Bの1セット2600円（税込）を、ミニライブ3回分に相当する3セット分（7800円）を買う必要があるからである。

コロナ禍がハロヲタにもたらした非常に大きな経済的影響のひとつが、このCD価格の改定ではないだろうか。

かつては税込1100円だったものが1300円となり、しかもこの日のばあい、あらかじめ宮本佳林さんの所属事務所ジェイピィールームの公式サイトで告知されていたように、このリリースイベントのミニライブを優先エリアでみるためには、1回分につきCD2枚セットを購入しなければならないのである（従来だと1回分につきCD1枚だった）。

だが、この販売方法がじつは理にかなったものであることは、優先エリアに入ると、知ることになる。

優先エリア内には、「×」のかたちに貼りつけられたビニールテープで立ち位置が決められていて、左右前後の距離が非常に広く設定されていたのだ。参加者どうしの密集・密接を防止するために、運営サイドが入場者の立ち位置を管理してくれていたのである（神戸ハーバーランドセンタービル内地下1階のスペースシアターは、建物が5階までの吹き抜け構造になっているほか、通路が閉鎖式ではないために、そもそも密閉の心配はない）。

すなわち、参加者の周囲のスペース確保のために、優先エリア入場者数を制限しているゆえに、ミニライブ1回分の優先エリア入場券をCD1枚の特典とした従来の販売方法では、入場制限した人数分のCD売り上げが減少してしまう。それゆえのCD2枚セット販売ということになっているのである。

このときは幸いにも、3セット分をもう1度買い直すだけでループを終了できた。すべての部の優先エリア入場券が40番以内のものだったからで、結局購入したCDは合計12枚である。

宮本佳林さんのミニライブ

第1部の集合時間は12時、時間どおりにスタッフによる番号呼び出しがはじまって、このときはうまく2列目上手《かみて》寄りの場所に立つことができた。

しかし、なにかがちがっていた。その違和感の正体はポリ袋である。かつては、参加者の荷物をまとめて入れるためのポリ袋がひとりずつに配布されていたのだが、それがないのだ。

以前はイベント終了後の握手会ということもあって、アイドルたちとの距離がきわめて近かったし、アイドル〈現場〉での傷害事件も発生したせいで導入されたものである。すなわち、ポリ袋に入れた参加者の荷物をスタッフが一時的にあずかって、握手するあいだはスタッフがいっしょについて回るといったシステムだったが、それが廃止されたようだ。

この日のお見送り会では、ステージに置かれたテーブルに着席した宮本佳林さんとは1メートルぐらいの距離をとって、わずかにお話しできるという形式だった。もちろん、スタッフは参加者のすぐ後方にはりついて、わずかな時間が過ぎると、「剝《は》がし」にくるのだが、自分の荷物は自分でもち歩くのである。

それにしても、優先エリア内では、周囲の空間の広さに驚嘆した。

かつては前後左右の空間は参加者どうしが密着しそうな距離感だったが、この日、前後左右とほかの参加者たちとのあいだはかなり空いている。以前よく参戦したJuice=Juiceのリリースイベントのミニライブには女性限定エリアがあったが、この日のイベントで存在しないのも道理である。優先エリア内の参加者どうしの距離が充分にあるので、小柄な女性であっても、前列の参加者のすきまからステージ上をみるのは苦にならなさそうだったからだ。

もちろん、考えかたしだいなのだが、周囲の参加者とこのぐらいゆったりとした距離をとって宮本佳林さんのステージをみられるのであれば、特典の優先エリア入場券がかつての2倍の金額に相当するCD2枚分であってもよいと、ぼくは考えるほうだ。

とはいえ、やはり3回分のミニライブすべてを優先エリアで観覧しようとすると、CD2枚分を3セット購入というのは、一般的には高額だと思われる。しかしながら、最初の緊急事態宣言以降、どれだけの公演やイベントが中止・払い戻し、振り替えになったのかを思いおこせば、「事務所」やレコード会社といった運営側もたいへんなのだろうとも推察せざるをえない。

むしろ、感染拡大防止の対策をとりつつも、なんとか開催してくれることのほうを感謝すべきだという、あたりまえの結論にたどりつくのだ。

拍手が鳴りひびくと、スタッフに囲まれて、緑と黒の〈なんてったってI Love You〉の衣装でニーハイブーツがかっこいい宮本佳林さんが会場裏の楽屋に現れた。右の眼もとにある星形のストーンメイクもとてもかわいい。

リリースイベントでは恒例だが、最初にマイクや音響のテストを兼ねた公開リハーサルをしてくれる。テストなので、楽曲の1番のみだけれど、このわずかな時間に、たぶん宮本さんはマイクの音量、ステージの大きさ、観覧スペースのほか、いわゆる「場位置」まで、歌いながら確認しているはずである。

イベントの会場ごとでステージの広さや高さがさまざまに異なるので、このテストパフォーマンスはアイドルたちにとって当日のミニライブ公演に欠かせないものである。

5メートルほどの近さで、ひさしぶりの〈現場〉で（しかもソロで！）歌って踊る宮本佳林さんは、あいかわらずの強烈な魅力を発している。

稲場愛香さん推しというぼくのアイデンティティを、Juice=Juice時代とおなじく根底から激しく揺さぶってくるのだ。卒業まえとかわらず、いやそれどころか、さらにアップデートと増強が重ねられた印象である。

とりわけ、お気にいりの楽曲〈氷点下〉の歌声を聴いていると、彼女の歌唱の表現力といったものがいっそう洗練されているのを感受できた。

いつも〈現場〉で彼女をみると、ほかのハロプロメンバーには感じられない特異なオーラみたいなものを、宮本佳林さんは強く放っている。それは生まれもった天性みたいなもので、「スーパースター」、「スーパーアイドル」とでもいうべきタレントだけがもっている輝かしさなのだ。

ちなみに、2023年2月11日にメルパルクホール大阪で開催された「宮本佳林LIVE

２０２３〜ヒトリトイロ〜」の千秋楽公演のＭＣでは、宮本さんみずからが「スーパーアイドル」をめざしていると宣言している。

ほかのハロプロメンバーでは、モーニング娘。'21を卒業した佐藤優樹《まさき》さんがかつてステージ上でパフォーマンスしているときに、同様によく感じられていたものである。

だが、そんなことは「事務所」もとっくにお見通しだったことがわかるのは、すでに２０１３年に佐藤優樹さんと宮本佳林さんのデュオユニット「ジュリン」が結成されているからだ。

だからこそ、ぼくのような通りすがりのにわかでさえ、２０２２年7月31日にYouTubeで公開された「COVERS -One on One-」第11弾の「〈ほたる祭りの日〉佐藤優樹×宮本佳林」が、彼女たちふたりのファンたちにとって、いかにありがたいものだったかは容易に理解できるのである。

約9年ぶりに、しかもいまは成人した佐藤さんと宮本さんのおふたりがこの楽曲を再演したのだから、当然である。そして宮本さんとおなじく、佐藤優樹さんは２０２３年3月29日に、ファーストシングル〈Ding Dong／ロマンティックなんてガラじゃない〉でファン待望のソロデビューをはたすのだ。

宮本佳林さん特有の旺盛なサービス精神と高いプロ意識も、その魅力のひとつである。たとえば、2022年6月4日に戸田市文化会館で開催された「M-line Special 2022～My Wish～」のセットリストにもよく表れている。

この公演のゲストがJuice=Juiceメンバーの段原瑠々さんと井上玲音さんだった。それゆえ、宮本さんが所属していたJuice=Juice時代の楽曲をパフォーマンスすることにすれば、公演の準備その他が多少は楽になるはずなのに、宮本さんはわざわざ自身の卒業後の楽曲である〈Future Smile〉と〈がんばれないよ〉を選曲するのだ。

『CDジャーナル 2022年夏号』（シーディージャーナル、2022年）に掲載された宮本さんの単独インタビューでは、以下のように語っている。「[彼女がパフォーマンスしたことのある楽曲を披露したとしても]、それでファンのみんなも喜んでくれるのはわかってるんですよ。でも、それじゃ私は納得できないので。〈Future Smile〉と〈がんばれないよ〉をやることにしたんです」

そのあとの発言も宮本さんらしくて、頼もしい。

[……] 覚えるのが大変すぎて〈プラトニック・プラネット〉にすればよかったなあって思ってるんですけど（笑）。でも、披露したらきっとみんな喜んでくれるし、またエゴサで快感を得られるだろうからいいかなと思って。

自身のファンをもっとよろこばせるために、新しい楽曲を覚える苦労をも、少しエキセントリックな感覚で楽しめる宮本佳林さんなのだ。

さらにいえば、卒業後は12月31日大晦日《おおみそか》になると、23時45分からインスタライブをして、自分を推してくれる佳林党員（宮本さんオタクの呼称）たちと年越しをしてくれるオタク思いの方である。


30分ほどのミニライブとはいえ、生《ライブ》で、しかもこれほどすぐ近くで、天性の「スーパーアイドル」宮本佳林さんのパフォーマンスを3回も楽しめたのだ。こんなにもすぐ近くで彼女の生の歌声を聴いて、ダンスを眼にしたのである。

稲場さんの卒業公演からほぼ1ヵ月過ぎていたこともあるだろうが、この高揚感は〈現場〉ならではのもので、かつて「在宅オタク」だったころのぼくには知るはずもなかった。おそらくは、じっさいに〈現場〉で体験した者でなければわからないようなものだろう。

お見送り会のほうも各部に2回ずつ参加したけれど、やはり1セットCD2枚分を考慮してのことだろうか、1回分の時間が体感的にちょっと長めだったように思われる。

もちろん、ステージ上のテーブル席についている宮本さんもお見送り会参加者もマスク越しで、しっかりと距離をとってだが、それでも数秒のあいだ、ぼくにとっては数年ぶりのわずかな会話を楽しめた。

笑顔、歌声、ダンスなど、さっきまであれほど魅力的なパフォーマンスをしていた宮本さんと直接に話ができるという状況に感激してしまうのである。

ひさしぶりに立ちっぱなしでミニライブ3回に参戦して、非常に消耗してしまったが、この日、進化しつづける宮本佳林さんの魅力と、3年ぶりのリリースイベントの〈現場〉を堪能できて、神戸まで宮本さんに逢いにきた甲斐はあった。

かつてはあたりまえだった握手会が、すなわち握手しながら会話できるというイベントがいかに貴重な体験だったのかも思いだせた。

ちなみに最近のアイドルの〈現場〉では、2022年11月にSKE48のメンバーで「握手会の女王」と呼ばれた須田亜香里《すだあかり》さんは、幕張メッセで開催された握手会を最後に卒業した。アクリル板越しで、ビニール手袋をつけたファンと握手したという。

コロナ禍以前の2020年1月ぐらいまでの〈現場〉の状態に戻るときが早くやってきてほしいと強く願った。

3 『STAGE VANGUARD 悪嬢転生』公演にゆく

またもやひさしぶりの舞台公演観覧

宮本佳林さん主演の音楽劇『STAGE VANGUARD 悪嬢転生』は２０２２年7月と8月に上演された。主演の宮本さん、カントリー・ガールズ元メンバー小関舞《おぜきまい》さん、ハロプロ研修生松原ユリヤさんと橋田歩果《ほのか》さん、そして日替わりゲストで出演するハロプロメンバーおひとりによる5人での舞台である。

7月公演の観覧は大阪での仕事ゆえにかなわなかったが、8月8日にようやく観劇することができた。ちょうど宮本さんのファーストアルバム発売決定が公表された時期である。

早めに入場して、「楽屋飯」（出演者たちが楽屋で食べる食事とおなじ料理を購入できる）も楽しんだ。この日、いただいたのは「ミートボール」、「浮気なハニーティー（アルコール）」である。ミートボールはもちろん、パプリカなどの焼き野菜、マッシュポテトもちゃんとおいしかったし、「浮気なハニーティー」も食前酒的な甘めのカクテルとして満足する味わいだった。

東京駅丸の内南口そばに位置する東京ビル TOKIA 2階の会場 COTTON CLUB にゆくのは、

これで2度目である。はじめて観覧したのは、「金澤朋子 LIVE 2020 ～Rose Quartz～」で、この金澤さんのソロライブには、稲場愛香さんがバックダンサーとコーラスとして参加していたからだ。

金澤さんのライブが開催されたのは2020年1月下旬と2月中旬の計6日間だったが、そのころには、すでにコロナ禍が影を落としはじめていた。知人によると、1月の公演では金澤さんの客席「降臨」があったそうだが、ぼくが観覧したのは2月の公演で、このときには「降臨」はなかった。コロナウイルス感染拡大防止対策としての変更だったようである。

猛威をふるいはじめたコロナ禍のために、さまざまな公演がつぎつぎと中止になっていくわずか少しまえのことで、ハロヲタたちがハロー！プロジェクトによる慣例的な公演を楽しめた最後の時期だったといえよう。

ぼくが『悪嬢転生』公演にいく気になった理由はいくつかあるが、脚本家が太田善也《よしなり》氏だったことも大きい。今回は演出も担当している太田氏は、稲場愛香さん主演のミュージカル『気絶するほど愛してる！』、稲場さんと宮本さんのダブル主演舞台『タイムリピート～永遠《とわ》に君を想う～』の脚本家で、この2作がお気に入りだったからである（プロデューサーも2作と同様に丹羽多聞アンドリウ氏）。

くわえて、主演の宮本佳林さんには、ひと月ほどまえの神戸ハーバーランドでのセカンドシングルのリリースイベントでも魅了されたということもある。

だが、カントリー・ガールズが好きだったぼくにとっての最大の理由は、元メンバー小関舞さんが出演するからである。しかも、『悪嬢転生』のキーヴィジュアルのひとつは、主演の宮本さんとともに、小関さんがしっかりと写っていて、彼女にもちゃんとした出演場面が少なからずあるのを教えてくれていた。

いまやカントリー・ガールズのオリジナルメンバーで、おなじ「事務所」でひきつづき芸能活動をつづけているのは、稲場愛香さんと小関舞さんのみだった（この時期、森戸知沙希さんは「事務所」には所属していたが、ハワイ留学中）。

卒業後の稲場さんの活動がほぼ月1回のラジオ公開生放送と、おなじく北海道ローカルのテレビ番組月1回の生出演（とVTR出演）のみだった2022年の夏、小関舞さんが出演する舞台をぜひみたかったのである。

イザベラ役の宮本佳林さんのこと

ぼくが観劇したのは8月8日月曜日夕方の公演だったが、すでに宮本さんは8月5日（金）1公演、6日（土）3公演、7日（日）3公演と、立てつづけに演じていて、翌日9日が千秋楽という公演日程だった。

金曜1公演のあと、土日6公演を連続で主演してきた宮本さんがいかにすさまじかったかを、ぼくはこの日の公演をたった1度観ただけで痛感するのである。
パンフレットによると、ストーリーは以下のとおり。

現代に生きる疲れ切った女が、突然、シンデレラの世界に転生した。しかも転生したのはシンデレラではなく、シンデレラのイジワルな姉！　やがて物語はお決まり通りに進み……彼女は処刑される。ところが、気がつけばまたシンデレラの姉に！　何度も何度も永遠にくり返される、悪嬢への転生。脱出する方法はあるのか？　彼女に幸せは訪れるのか？

宮本佳林が語り、歌い、演じる、転生音楽劇。

開演後しばらくして、あっけにとられた。

この舞台は、ゴージャスなドレスに身をつつんだ宮本佳林さんが、膨大な量のセリフをひとりで語りながら演技するモノローグ劇であることがわかったからである。

ぼくにとってはもともと、「スーパースター」、「スーパーアイドル」とでもいうべき特別なオーラを放っている宮本さんである。その彼女がステージを歩きまわりながら、表情豊かに、淡々と自身におこったことを語っていくというスタイルゆえに、つぎからつぎへと自身の物語をつむいでいく宮本さんから眼が離せない。

観客はみんな息をのんで、彼女の語る物語にずっと耳を傾けている。彼女のとめどない語りが支配する舞台空間のなかで、主演の宮本さんと観客全員が一体となっている感覚である。

それが意図されたものであったことは、パンフレットに掲載された太田氏のコメントから理解される。

この舞台をやるにあたって、彼女〔宮本佳林さん〕にはとにかく、膨大な台詞量を喋りまくってもらおうと思いました。ことば（エネルギー）を発し続け、動き続け、感情がジェットコースターのように揺れ動く。そうすることで、彼女が持つ「無限のポテンシャル」「天然のかわいらしさ」「（誤解を恐れずに言うなら）ちょっとこじらせた情熱」が色濃く出ると思ったのです。

脚本と演出の両方を担当した太田善也氏の狙いは、みごと的中した。しかも、かれが企図したとおりに、舞台の宮本さんはほとんどひとりでずっと語りつづけて、観客を圧倒している。

このときのぼくの席は、ステージ正面に相対《あいたい》するSSボックス席である。舞台から少し距離はあるが、もともと会場自体がそれほど大きくないので、ステージが非常に近くに感じられる。

しかも、一段高い場所のテーブル席で、さらにはセンターブロックであるために、ステージに立つ役者さんたちと目線の高さもおなじというあまりにも贅沢《ぜいたく》な席である。

宮本さんも小関さんもステージ中央で、ぼくのＳＳボックス席すぐ後方に設置されたカメラの方向に目線を投げかけて演技しているので、正面に立っているおふたりの表情がほんとうによくみえた。

それゆえに、まったくよどむことなく怒涛のようにセリフを語りつづける宮本佳林さんから、ますます眼をそらせないという恐ろしい緊張感のなかにいた。そうして、何度もくり返される悪夢の結末と転生から逃れるために、彼女が毎回、試行錯誤するという物語を体験したのである。

上演時間が第１幕約45分、休憩約10分、第２幕約35分、ショーケース（ミニライブ）約15分で、合計１時間45分という構成になっていることをよく理解できた。途中でひと区切りがないと、主演の宮本さんの負担があまりにも大きすぎるのであって、しかも彼女みずから華麗に剣をふるう殺陣《たて》シーンまであるのだ。

さらにいえば、宮本さんの間断ない語りに集中している観客もおなじくらいに疲れてしまうという、すさまじい公演である。

もちろん、小関舞さん、松原ユリヤさん、橋田歩果さんが活躍する場面もちゃんと用意されているし、音楽劇なので、ミュージカルのようなシーンも少なくない。

とはいえ、イザベラ役宮本佳林さんの演技と語るセリフの量がただただ、けた外れなのだ。

宮本さんは2022年2月からはじまったツアー「M-line Special 2022 ~ My Wish ~」に出演しつづけているのにくわえて、5月には単独ライブツアー「宮本佳林 LIVE 2022春~アメジスト~」を3都市4公演、さらに6月にはセカンドシングル発売をめぐって、毎週金曜夜のインスタライブやインターネットサイン会のほかに、リリースイベントで全国を回っていた。

つづく7月には、この『悪嬢転生』の稽古と10公演をこなした宮本さんだが、同月下旬には不運にもコロナウイルスに感染したために、さまざまなイベントやコンサートを中止や延期にせざるをえなかった。

そして、宮本佳林さんはいわば病みあがりの状態で『悪嬢転生』8月上旬の連日公演を、すべて無事に千秋楽までやりきったのである。

彼女からはいつも天性のタレント性を感じるけれども、それ以上にプロフェッショナルとしての努力の人であるからこその宮本佳林さんなのだと思う。

会場のCOTTON CLUB内では、かつてJuice=Juiceの〈現場〉でいっしょだった佳林党のみなさんをおみかけした。

ぼくが親しくしてもらっている「太い」(応援する気もちの非常に大きなことをこのように表現するが、転じて、非常に高額の資金を投入するオタクにつける形容詞)宮本さん推しの方は当然、この公演を「全通」（ツアーなどの全公演に通うこと）していたのだが、ぼくにはこの1回でも充分すぎるほどだった。

それくらいに、彼女の演技力とセリフ量に完全に翻弄されて、猛烈に消耗してしまったのだ。この公演に何度も通って、宮本佳林さんの役者としての才覚を何度も楽しめる佳林党の方がたに脱帽である。土日の2日間だけで全6公演もあったのだから。

そう、この〈現場〉は、ぼくには場ちがいだった。いわば、宮本さんと佳林党員による真剣勝負の場だったのだ。自身の推しの渾身の演技と対峙して、それを堪能できる佳林党員の〈現場〉であって、おたがいの真摯な交流の場だったともいえよう。

アイドル卒業後の稲場愛香さんのソロタレント活動の行く末がいまだ不確定だった時期、そういうかれらがうらやましかった。Juice=Juice卒業後も、新しいタイプのハロプロOGとして日々多忙に奔走する宮本佳林さんを推しつづけることができるのが、とてもうらやましかったのだ。


公演全体についても少しだけ付記しておくと、舞台セットとプロジェクションマッピングがじつに効果的に使用されている。充分な工夫を凝らしてあって、視覚的にも楽しませてくれる演出である。

ハッピーエンドのラストシーンでは、夏の風物詩をうまく取り入れていて、夏公演の舞台にふさわしい視覚と音声で、最後にほっとひと息つかせてくれるのもすばらしかった。わかりやすいハッピーエンドも観終わってみると、気もちのよいものである。

宮本さんが観客を追いつめるかのように語りつくす冒頭から、そうしたひと安心のラストシーンまでを折りこみ済みの演出によって、みごとに翻弄されてしまう公演なのだ。

ハロプロ研修生の松原ユリヤさんと橋田歩果さんも、その幼さとあいまって、大きな丸い耳とセットのかわいいネズミの衣装がとても似合っていた。老婆や妖精も演じているおふたりの数少ない出演シーンからは、ただ宮本さんを支えるだけの役どころというのではなくて、彼女たち自身のキュートな魅力もよく伝わってきた。さすがはハロー！プロジェクトの次世代グループメンバー候補生たちなのだ。

千秋楽の翌日2022年8月10日付の公式ブログで、セリフを覚えるのがとにかくたいへんだったと、宮本さんは述懐している。脚本を覚えきれないのではないかと、かなり苦戦したようだ。

それでも、無事に完走できたのはスタッフ、共演者、そしてファンのおかげだと感謝していると記している。

最後に、以下のことばを、この日のブログの結語としている。

こんな経験が出来るのって
この活動をさせて頂いてる特権だなぁと

思うんです。

これからも、
今ある環境が当たり前と思わず
スキルアップはもちろん
感謝の気持ちを忘れずに活動していきたいと
思います！

ぼくにとっては天性の「スーパーアイドル」である宮本佳林さんはそうして、謙虚さと感謝の気もちを忘れることなく、これからも努力をなお積み重ねて、さらなる先へと進んでゆく。

シンデレラ役の小関舞さんのこと

小関舞さんを生でみたのは、2019年12月26日にLINE CUBE SHIBUYAで開催された「カントリー・ガールズライブ2019～愛おしくってごめんね～」、すなわち彼女たちの卒業公演以来、約2年8ヵ月ぶりである。

2017年6月26日にカントリー・ガールズメンバーの他グループ兼任が発表されたが、ほかのメンバーさんとはちがって、小関舞さんだけはついにどのグループとも兼任しなかった。

そして、唯一の兼任しなかったカントリー・ガールズメンバーとしてアイドルを卒業したのだ。

オリジナルメンバーのなかでは最年少だった小関さんは当時、ちょっと勝ち気でやんちゃな印象で、大先輩のプレイングマネージャー嗣永桃子さんに対して元気につっかかっていくところが、ぼくには好ましかった。

宮本さん演じるイザベラの妹シンデレラ役で舞台に登場した小関さんは、この年2月に20歳になっていて、もうすっかりお姉さんという印象だったが、明るくて元気な雰囲気はアイドル時代のままだった。


その一方で、ステージ上の彼女をみていると、いまさらながら、胸のうちでだんだんと申し訳なさと後悔の想いがこみあげてきた。

『カントリー・ガールズ ライブツアー2015秋冬』は、カントリー・ガールズ時代の稲場愛香さんが参加した最後のツアーを収録したDVDソフトで、梁川奈々美《やながわななみ》さんと船木結《ふなきむすぶ》さんの加入が決定していた5人体制時代最後の時期のものである。

セットリスト1曲目〈革命チックKISS〉がはじまるとすぐに、小関舞さんのようすがおかしい。よくみると、泣きながら歌っている（このとき、小関さんは13歳の中学2年生で、稲場さんは17歳で高校3年生だった）。

ふりつけでむかいあわせになった山木梨沙さんが、泣いている小関さんに気づくと一瞬、びっくりするのだが、瞬時に理解して、にが笑いしながら、パフォーマンスをつづける姿がこのソフトに収録されている。

2曲目の〈浮気なハニーパイ〉が終わったあとのMCで、地元の東京でのツアー千秋楽ゆえに、「いちばん最初の〈革命チックKISS〉という曲で感きわまって泣いてしまったんですけど」と、小関さんが告白すると、嗣永桃子さんを筆頭に、森戸知沙希さんは手を口にあてて驚いていて、稲場さんもいっしょにみんなで「はやいよー！」とびっくりしながら、最年少メンバー小関舞さんのことを思いやって笑いあうのである。

「もっともっと盛りあがれるように、がんばっていきたいと思います！　準備はOKですか、よろしくお願いします！」という小関さんにつづいて、メンバーみんなで「よろしくお願いしまーす！」と、元気よく挨拶するカントリー・ガールズである。


しかし、稲場愛香さんが2016年4月末に活動休止、ひきつづき8月上旬に卒業すると、稲場さん単推しのぼくの気もちは1度、このグループから離れてしまった。

彼女の活動再開までの約1年半のことを「泣いて過ごした」と、ぼくは書いたりするけれど（けっしてうそではない）、だが、あのとき、ほんとうに泣きたかったのは、残されたメンバーさんたち6人のほうではなかっただろうか。

稲場愛香さんがいなくなって、カントリー・ガールズがたいへんだったあのとき、あのときこそ、ほんとうにメンバーさんはみんな、ぼくたちの応援を必要としていたのにと、いまでも思い返してしまうのだ。

そもそも改称まえのカントリー娘。は北海道と縁が深いグループだった。休止状態だったカントリー娘。に新メンバーが加入し、カントリー・ガールズへと改称したのちは、北海道出身の稲場愛香さんが所属することで、このグループの特性がなんとか維持されていたのだが、稲場さんが卒業すると、カントリー・ガールズはいわば北海道との縁が切れてしまった。

さらに、エース島村嬉唄《うた》さんの2015年6月の契約解除後は実質的に中心メンバーだった稲場さんの活動休止と卒業によって、「毎年、気候がよくなる季節にエースがいなくなってしまうグループ」という事実だけが残った。

カントリー・ガールズとモーニング娘。'22の元メンバーだった森戸知沙希さんは、卒業直前のインタビュー記事でカントリー・ガールズ時代の活動のことをふり返っている。

すぐにリハーサルも始まり、覚えることはできるけど〝大丈夫かな?〟と思いながら必死でついていく毎日。その状況の中、結成半年でひとり脱退。これからというときに、グループをマイナスなニュースで印象付けてしまうことに不安が大きかったです。[……]。私のこの7年半で辛かったのは、加入当時、(稲場)愛香ちゃんが抜けたとき、ももち先輩の卒業、その後兼任になったときでしたね。愛香ちゃんとは仲も良く、舞台も途中だったので、精神的に辛い状態になりました。
（『アップトゥボーイ』2022年7月号、ワニブックス）

あのとき、この辛く苦しい思いは、森戸さんだけにかぎったことではなかっただろう。かくして、稲場愛香さんの活動休止と1度目の卒業は、あのグループにこれほど大きな影響を残したのだ。

2020年12月9日のアンジュルム船木結さんの卒業および芸能活動休止後、元カントリー・ガールズで現役ハロプロメンバーは、稲場さんと森戸さんのふたりだけとなった。

そして2022年5月、6月と、彼女たちもハロー！プロジェクトを卒業したあとでは、すべてはもはや過去のことである。

それでも、ハロー！プロジェクトではじめて好きになったカントリー・ガールズを忘れたことはないし、いまでも稲場愛香さんがこのグループを卒業した時期のことを思いだすと、にがい後悔で胸が苦しくなってしまうのだ。

今回の舞台公演での小関舞さんのみどころは、第2幕で宮本佳林さん演じる姉イザベラに非常に複雑な感情をぶつけるシーンだと思われる。

妹シンデレラに幸せがおとずれないという物語改変が発生してしまったために、不幸にうち沈む彼女が、かわりに幸せになった姉イザベラに苦しい胸中をあらわにするのだ。

この場面のとき、小関さんの演技にすっかり没入してしまって、心臓の動悸《どうき》がとても激しくなった。

幼少期から子役としての活動経験が豊富で、カントリー・ガールズ時代もいくつかの舞台に出演し、卒業後も女優としてふたつの劇団公演に参加した経験がある小関舞さんの堅実な演技力のせいである。


『悪嬢転生』第2幕終演後のMCでは、小関舞さんは自分のことをほとんど話さずに、この日のゲスト出演者、つばきファクトリー八木栞《しおり》さんの初舞台を称賛するばかりだった。後輩をやさしく気づかうお姉さんぶりがすっかり板についているようすである。

公演パンフレットには、最後の2ページ分にシンデレラ衣装の小関さんの写真とコメントが掲載されていて、「今回の舞台を通して、私も憧れられる女性になれるように頑張りたいと思います」とあるのだが、この日の後輩への小関さんの気づかいだけでも、充分に彼女が目標とする女性の条件をみたしていると思われる。

そしてショーケースで、トップバッターの小関舞さんがソロで歌ったのは〈浮気なハニーパイ〉。

稲場愛香さんもJuice=Juice卒業まえの最後のバースデーイベントで歌ってくれた楽曲である。

間奏では作詞作曲したつんく♂氏みずからのバックコーラスで最高に盛りあがる名曲を、（ぼくにとっては卒業公演以来）かつてとかわることなくパフォーマンスしてくれる小関舞さんに涙が浮かんだ。

水泳のクロールのように右腕を回転させたり、両腕をゆっくりと平泳ぎのように開いていくふりつけや、がに股の両足を軽快に開閉させるダンスも、すばらしい高揚感である。ひと目で〈浮気なハニーパイ〉だとわかる特徴的なダンスパフォーマンスをひさびさにみることができた。

そして、ゲストの八木栞さんとともに、宮本佳林さん、小関舞さんが歌ったショーケース最後の楽曲は、つばきファクトリー〈アドレナリン・ダメ〉である。

八木さんによると、ちょうどこの8月8日にYouTubeで公開されていたミュージックビデオが２００万回再生を突破したとのことだった。


２０２２年4月、M-line clubに小関舞さんは加入した。同年7月30日に開催された会員限定オンラインイベント「まい's ペースお楽しみ会」では、これからも意欲的に活動をつづけていくと語ってくれたそうである。

小関さんはこのときいまだ20歳、女優としてもハロプロOGメンバーとしても、新たにはじまったばかりなのだ。

船木結さんにかぎらず、嗣永桃子さん、梁川奈々美さん、山木梨沙さんと、元カントリー・ガールズメンバーは多くが卒業とともに芸能界を引退してしまうなかで、「事務所」に残り、芸能活動の継続を決心してくれた小関舞さんは、あのグループを推していたハロヲタにとってまさしく最後の希望である。

稲場愛香さんの卒業公演以来ほぼ2ヵ月ぶりに、小関舞さんの日替わり写真を買ってみた。シンデレラとはべつの「兼ね役」の衣装をまとった小関さんの全身写真（いわゆる「引き」）である。彼女直筆の日付、会場、サインにくわえて、涼しげな金魚ばちモチーフの風鈴、リボンがついた麦わら帽子、いつもの白ネコのかわいいイラスト3種つきである。

推しの写真や直筆サインとともに、当日のステージの思い出をしっかりと封入してくれる日替わり写真のすばらしさを、ひさしぶりに実感した。

これまで、稲場さん以外のメンバーさんの日替わり写真を買うことはほとんどなかったが、この小関さんの写真は現在、ぼくの日替わり写真専用アルバムのなかで、稲場さんの卒業公演のものの次ページに収納されている。

4 ラジオの公開生放送にゆく

ふたたび札幌へ

２０２２年7月22日の昼下がり、ぼくはふたたび新千歳空港へ降りたった。

ふた月ちょっとまえの5月15日にJuice=Juiceの「terzo」ツアー札幌公演を札幌市教育文化会館大ホールで観覧したさいには、もう来ることはないと思っていた北海道に、またこうしてやってくるとは。

だが、すでに〈現場〉に到着しているオタク仲間からの情報によると、この日の午前中に札幌駅の商業施設パセオ地下1階テルミヌス広場には、もう50人ほどの列ができているとのことである。

この日の〈現場〉は、テルミヌス広場に期間限定で設置されたサテライトスタジオ。18時から30分間、『paseo Final Walkers』というラジオ番組の公開生放送に、稲場愛香さんがパーソナリティとして出演するのだ。

２０２２年9月30日に北海道新幹線延伸工事のために営業終了予定だった札幌駅のショッピングセンターパセオだが、営業終了までを盛りあげるイベントのひとつが、AIR-G'とのタイアップラジオ番組『paseo Final Walkers』だった。この特別番組は、同年7月1日から9月30日まで毎週金曜日にパセオ地下1階に設置された特設サテライトスタジオから公開生放送された。

パーソナリティは週がわりで、モーニング娘。元メンバー紺野あさ美さんも担当しており、稲場愛香さんも毎月1回、7月22日、8月19日、9月16日の全3回を担当した。勤務校の夏季休暇とうまく重なっていたために、すべてに参加した。

稲場愛香さんが公《おおやけ》の場に姿をみせるのは、日本武道館での卒業公演以来のことである。おそらく、ここでの観客の動員数が「事務所」にとっては彼女の今後の活動の目安となるだろうゆえ、稲場さん推しとしては欠かすことができない〈現場〉なのだ。

なんといっても、彼女の卒業後最初の〈現場〉である。かつて2017年秋に彼女がハロプロ研修生北海道のリーダー的存在として札幌で活動を再開したように、卒業後の彼女はまたも札幌からソロタレントとしての活動をはじめるのだ。

札幌出身の稲場愛香さんにとって、もはや運命的である。それはぼくたち稲場さん推しにとっても同様だった。札幌からまたすべてがはじまっていくのだ。

この7月22日のちょうど1週間まえに、北海道文化放送の情報バラエティ番組『いっとこ！みんテレ』に月1回生出演するレギュラーに決定したことが発表された。

北海道以外の地域でこの番組を視聴するのは難しいけれど、地上波のテレビ番組にレギュラー出演が決定したのがとてもうれしかった。たとえ番組をみられなくても、地元のテレビ局で彼女が定期的にタレントとして活躍していくことが確定したのだから。

この日、ぼくがパセオ地下1階テルミヌス広場に到着したのは14時半ごろ、彼女のアイドル卒業後最初の〈現場〉だけあって、まだ20人ほどが放送席正面右側に設置された待機スペースに集まっていた（放送開始は18時で、それまで3時間半もあった）。

ちなみに、「テルミヌス」（terminus）とは、ターミナル、終着駅などを意味するラテン語だが、卒業後の稲場さん推しの人びとが集まるのにふさわしいネーミングの場所である。

ここで、ぼくには初体験の「ヲタノート」が登場した。

会場周辺の待機所で、「すいません、このノートに名前と時間を書いてもらえますか」と、よくお見かけする稲場さんオタクの方がとても丁寧に話しかけてくれた。

のちにいつものオタク仲間が教えてくれたのだが、これに書いておくと、いちおう自分の順番を登録したことになって、待機スペースでずっと待ちつづけなくてもよくなるというものである。もちろん、非公認ゆえに反故になる可能性もないわけではない。

非常にありがたい心づかいだったが、われわれをこのノートで管理してくださった方がたにとっての負担はたいへんなものだったろう。

しかも17時を過ぎたころに、かれらはこの時点でノートに記載された70人ほどの名前を順番どおりにひとりひとり読みあげて、整列させてくれるというかなりの骨折りまで引き受けてくれたのだった。

　このときのかれらの機転と労力にはあらためて感謝した。そして、かれらの指示におとなしく従った稲場さんオタクの方がたも立派なものである。おかげで、運営側に彼女のファンはマナーが悪いと判断されることなく、パセオのテルミヌス広場周辺の店舗や稲場さん本人に迷惑をかけずにすんでよかったのだ。

　これがCDのリリースイベントであれば、待機列の整理はイベントスタッフがやってくれるだろう。ところが、この〈現場〉で生放送の準備をしているラジオのスタッフは数名で、この日はとてもそんな余裕はなさそうだったからである。


　それゆえ、ふたたび待機列にならんだのは17時ごろで、30分後にスタッフの誘導によって優先観覧エリアへの移動がはじまった。

　3列目中央に陣取ったぼくの後方には、若い女性たちがたくさんならんでいた。前方2列はほぼ男性で、年齢が高めという印象である。世間一般には、月末の平日金曜日の夕方に札幌駅地下の商業施設内で行列をつくる「大のおとな」のほうがおかしいのだが。

　さらには、2列目までの参加者は座ってくれることになったので、3列目だが、立ち見で最前列となるという幸運にめぐまれた。

放送開始まで5分ほどになったとき、特設放送ブースに、かわいらしい衣装に身をつつんだ稲場愛香さんが登場、大きな拍手で手厚くむかえられた。

ここにいるだれもが彼女に逢うためにやってきたのだ。ぼくはまったく気づかなかったのだが、17時半ぐらいに彼女は特設スタジオの奥に入っていったらしいと、のちに参加者の方からうかがった。

ひさしぶりにみる彼女はやはり小柄で、あいかわらずの小顔である。そして、彼女の明るい表情から放たれるのは、稲場愛香さん独特の愛らしさだった。

5メートルほど前方の、マイクが設置された特設放送スペースに稲場さんが着席して、台本らしきものを読みながら、スタッフと打ちあわせをしている。

5月30日の日本武道館公演以来、約50日ぶりぐらいだろうか、生で稲場さんをみるのもひさしぶりで、しかも、これほど近い距離での卒業後はじめての〈現場〉ゆえに、こみあげてくる思いをおさえられなかった。

かつて彼女がカントリー・ガールズの活動を休止し卒業したあと、約1年半待ちつづけたこと、復帰後はしだいに足しげく彼女の〈現場〉に通うようになったこと、2度目の卒業後にこんなにも早く活動再開してくれたこと、そしていま、その最初の〈現場〉で彼女をこれほど近くでみていること……。

番組の途中で曲を流しているあいだ、スタッフの方と話したり、台本に線を引いたり、読みおえたらしい部分の台本の用紙を折ったり、オンエアされている曲にあわせて、楽しそうにリズムをとっていたりする稲場愛香さんである。

マイクで話していないときの彼女を直接、眼にできるのも公開生放送の醍醐味といえようか。彼女はこれまでいつもこんなようすでラジオ番組を収録していたのだろう。

稲場さん推しにとっては、なによりも「無銭」（オタクは「無料」という語を使わずに、あえてこのように呼ぶ）であるのが信じられないようなイベントである。

ひさびさの〈現場〉でみた彼女はかつてと同様だった。ラジオ番組で話している稲場さんの立ち居ふるまいすべてから、かわいらしさのオーラみたいなものが放たれていて、現役アイドル時代となにもかわらない。

彼女の担当日3回とも、パセオ内の店舗のスタッフさんがゲストとして登場して、ご自身のお店や商品について紹介するというコーナーが用意されていた。

２０１８年11月から出演したラジオ番組『D-tunes』では、（コロナ禍で変更を余儀なくされたのだが）札幌近辺で働く方がたが毎回のゲストとして登場して、かれらをインタビューしていた彼女である。『paseo Final Walkers』でも、稲場さんは非常に手慣れた感じで、ゲストの方が話しやすい雰囲気をつくったり、会話中に合いの手をうまく入れたりと、ゲストコーナーはとても円滑に進行していった。彼女のそんなトークの才能も、ぼくには特別に感じられる魅力のひとつなのだ。

それにしても、稲場愛香さんのラジオ番組が眼前で生放送されているという非現実的な〈現場〉は、きわめてまれな体験である。

わずか半時間の公開生放送を観覧するためだけに、シーズン中で高額になっている関西と札幌の往復航空券とホテルを予約して遠征するという酔狂さに、自分でもあきれはしたけれど、彼女のパーソナリティ番組をすぐ近くで観覧できるというひさしぶりの〈現場〉で、濃縮された30分間を存分に楽しめて、大満足だった。

稲場さんが担当する2回目の8月19日、3回目の9月16日には、当日朝10時に観覧入場整理券が配布されることになり、また会場には前方数列分の50、60人ほどの座席が用意された。パセオの運営側とラジオのスタッフの方がたが1回目の状況を勘案して、2回目以降の公開生放送の段取りをいろいろ配慮してくれたようだ。

8月19日のときは、テルミヌス広場の特設会場についたのが昼の12時半ごろだったために、整理券番号は59番だったが、9月16日の最終担当回には前日に札幌へ前乗りし、朝7時まえから配布までに約3時間ならんだ甲斐あって、番号は8番だった。

この3回目の観覧入場整理券を入手するために、3時間ずっと〈現場〉で立ちっぱなしというのもひさしぶりで、50歳を過ぎた中年男性には体力的にかなりきびしかった。

ちなみに、この3度の札幌遠征で、同様に遠征してきた彼女のオタクや北海道在住のハロヲタの方がたと、少なからず知りあいになった。

稲場さん卒業後のこの時期、ぼくはハロヲタとしてはすでに半死半生の体《てい》だったけれど、7月22日の生放送終了後には、この日はじめて知りあった古参の稲場さんオタクの方がたと、すきので会食させていただいた。お店は、店内に巨大なゴリラのぬいぐるみが置かれている居酒屋である。年長のまとめ役といった方が予約しておいてくれたのだった。

活動休止していた稲場愛香さんの復帰後に〈現場〉へ通いはじめたために、ぼくが知りあったハロヲタはJuice=Juice Familyのほうが多い。それゆえ、古参の稲場さん推しの方がたの話ははじめて聞くものばかりで興味深かった。かつてのカントリー・ガールズの〈現場〉や、嗣永桃子さんとの接触イベントでのエピソードなど、とても新鮮だった。

この日、ぼくと同様に札幌に遠征してきた稲場さん推しの方がたとは、のちにM-line clubに加入した彼女の〈現場〉でやはり毎回、顔をあわせては挨拶したり、いっしょに打ちあげにいくようになるのである。

オタクの肖像2

●「カーズ」さん●

ぼくが知る宮本佳林さん推しのなかでは、もっとも「太い」佳林党（宮本さんオタクのこと、佳林党員ともいう）であるカーズさんと知りあったのは、「Juice=Juice LIVE TOUR 2019～Con Amor～」2019年11月9日開催の沖縄公演でのことである。

この公演には、すでに社会人だった元ゼミ生Nくんと昼夜の2公演に連番で入ったのだが、沖縄市の会場のミュージックタウン音市場に到着したのは、整理番号の呼び出し開始までわずか数分まえだった（このときは那覇市から沖縄市までの移動がたいへんだった）。

この2公演とも、ぼくたちはカーズさんと整理番号が非常に近かったために、自然と話す機会があって、それ以来の知りあいなのだ。ちなみに、かれのかつての推しはモーニング娘。元メンバー矢口真里さんである。

つぎにかれと再会したのは、2020年2月20日に開催されたダイバーシティ東京フェスティバル広場での「Juice=Juice 13th CDシングル〈ポップミュージック／好きって言ってよ〉発売記念ミニライブ＆お見送り会」だった。

すでに新型コロナウイルス感染症の脅威が迫りつつあった時期で、イベントのタイトルがこれまでの通例的な「握手会」から「お見送り会」に変更されていた。そして、ぼくにとっては、これがコロナ禍以前に参加した最後のリリースイベント〈現場〉となった。

フェスティバル広場は屋根があるものの、半分は野外という会場だが、なんといっても、この会場の魅力は、ステージをみている観客の後方に、実物大サイズのユニコーンガンダムがそびえていることである。アイドルとロボットアニメが好きな人間にとっては、ステージ上のJuice=Juiceメンバーと対面しながら、後方は巨大なガンダムに守られているという奇跡のパワースポットなのだ。

このガンダムは特定の時間に効果音と主人公声優のセリフが流れて、デストロイモードに変形するので、ふたたびもとの形態に戻るまでの変形シークエンス終了を待ってから、リーダー金澤朋子さんがＭＣを開始したのは、もはや懐かしい思い出である。

この〈現場〉で数ヵ月ぶりに再会したカーズさんは、それはもう何度もループしてＣＤを買い直したすえの大量の優先観覧エリアの整理券をもっていた。このとき、気前がよいかれは、若い番号の整理券をぼくのオタク仲間の分まで交換してくれたのである。

同年春以降にコロナ禍が本格化したゆえに、延期となった「発売記念イベント」が振替開催された２０２０年９月上旬に、大阪南港ＡＴＣホールでもう1度再会したのを最後に、Juice=Juiceの〈現場〉でカーズさんと会うことはなくなった。同年12月10日の日本武道館公演をもって、宮本佳林さんが同グループとハロー！プロジェクトを卒業したからである。

だが、「事務所」アップフロント系列のエンターテイメント興行とはおもしろいものである。めぐりめぐって、卒業後の宮本佳林さんと（２０２１年当時の）Juice=Juiceメンバー稲場愛香さんが共演する〈現場〉が誕生した。２０２１年10月10日に三郷市文化会館で開催された「M-line Special 2021～Make a Wish!～」である。

このツアーはハロプロＯＧが所属するM-line clubメンバーと女性デュオBitter & Sweetが中心の公演で、ハロプロメンバーがゲスト出演するのだが、埼玉県三郷公演でのゲストが、アンジュルム佐々木莉佳子《りかこ》さんとJuice=Juice稲場さんなのだ。

この日は大阪での入試業務を終えたのちに、急いで新幹線に飛び乗って、なんとか夜公演の開演数分まえに会場に到着した。しかも、カーズさんの席はぼくのすぐ斜向《はすむ》かいで、「また共通の〈現場〉があるなんて」と再会をよろこんだ。

眼前で宮本さんをアツく応援するかれをひさしぶりにみて、コロナ禍で経過した時間の長さを感じずにはいられなかった。

稲場愛香さんのJuice=Juice時代に、宮本佳林さんにもずいぶんと魅了されつづけたからだろうか、稲場さん卒業後のものたりなさとさびしさから、宮本さんのリリースイベントのほか、彼女がカントリー・ガールズ元メンバー小関舞さんと共演する〈現場〉にわずかながら入るようになった。かならずといっていいほど、カーズさんと再会した。

そして、ハロー！プロジェクト卒業後の稲場さんがM-line clubに加入すると、カーズさんとぼくの〈現場〉はふたたびおなじ場所になったのだ。

最後に、かれがどのくらい「太い」かを伝えるエピソードを紹介しておこう。

２０２３年２月に開催された「宮本佳林 LIVE ２０２３～ヒトリトイロ～」メルパルクホール大阪公演に当選したときのことである。「予習」のために、カーズさんに彼女のファーストソロアルバム《ヒトリトイロ》をいただきたいと、ＳＮＳのダイレクトメッセージでお願いしたところ、「５００枚ぐらいあるので、何枚でもどうぞ」という返事だった。シングルならいざ知らず、アルバムを５００枚購入しているとは！

神戸ハーバーランドでの宮本さんのシングル〈なんてったって I Love You／ハウリング〉リリースイベントで、最終回のミニライブ後にカーズさんがほかの「太い」佳林党員数人とともに売れ残りのＣＤすべてを買い取るのを、さらにかれらがそののちのお話し会で

オタクの肖像2

70、80回くらいループするのをみていたぼくは、これがうそではないと断言できる。
それゆえ、カーズさんを〈現場〉でおみかけすると、かれの周囲には、かれと同等の屈強な古参佳林党員の方がたが参集しているのだった。

SNSでの毎日の応援つぶやき（当然ながら、ハッシュタグつき投稿である）、宮本さんがパーソナリティを担当している深夜ラジオのリアルタイム聴取と毎週のメール投稿などもふくめて、すべてを全力でやりとおすカーズさんの宮本佳林さん愛に勝てるオタクは、そうそう存在しないはずである。

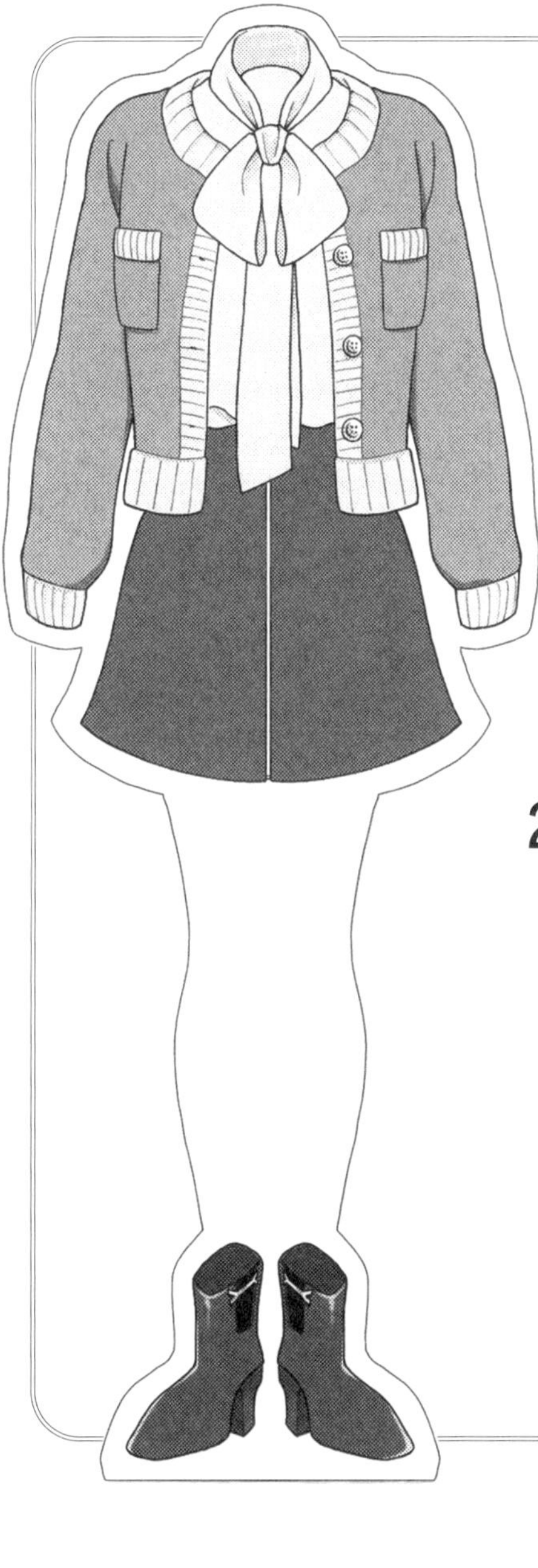

3

2022年春の Juice=Juice

Juice=Juice 15thトリプルA面シングル〈Familia〉MVの衣装

2021年12月22日に発売されたJuice=Juice 15thトリプルA面シングル〈プラスティック・ラブ／Familia／Future Smile〉は、卒業発表後の金澤朋子さんが参加した最後のシングルである。しかも最終的には、稲場愛香さんのJuice=Juiceメンバーとしての最後を飾るシングルになってしまうとは、このミュージックビデオが公開された当時はだれも思わなかっただろう。

〈Familia〉のミュージックビデオ冒頭は、大きな買いもの袋を胸にかかえた稲場さんが浜辺の画面右側から入ってきて、そのあとを江端妃咲さん、入江里咲さん、有澤一華さんの新メンバー３人がついていくシーンからはじまる。イントロのリズムにあわせて、ステップを踏みながら歩く４人がとてもかわいい。

この楽曲の衣装は全員のデザインがふぞろいで、まるで私服のようだが、全員のトップスやボトムスのどちらかがヴィヴィッドなパープルで統一されているのが特徴的である。

稲場さんの衣装は、パープルのミニタイトスカートと、アイボリーの袖口などがかわいいベージュのニットに、おなじくアイボリーのブラウスとリボンとなっている。

この衣装での楽曲パフォーマンスが披露されることはなかったが、「Juice=Juice 15thシングル〈プラスティック・ラブ／Familia／Future Smile〉発売記念イベント」の２ショットチェキ会、スペースシャワーTVプラス『Juice=Juiceのただいま進化中』のほか、『IDOL AND READ 029』、『TopYell NEO 2021~2022』のインタビューでも、稲場愛香さんはこの衣装だった。それゆえ、彼女の卒業発表前後という時期では、〈Future Smile〉の衣装とともに多く使用された衣装である。

推し卒業まえのメンバーたち

推しの卒業が発表された時期のこと

ぼくがJuice=Juiceを応援するようになったのは、２０１８年６月13日の稲場愛香さんの加入後である。

それからずっとこのアイドルグループを応援してきて、それぞれのメンバーさんも大好きになっていったし、梁川奈々美さん（カントリー・ガールズと兼任していた彼女には、複雑な想いがともなう）、初代リーダー宮崎由加さん、宮本佳林さん、２代目リーダー金澤朋子さんの卒業公演を見届けてきた（宮本さんの卒業公演は仕事の都合でライブビューイング）。

当時はそのつぎの卒業公演が稲場さんのものになるとは考えもしなかったが、にわかのぼくなりに、Juice=Juiceをずっと応援してきたつもりだった。彼女の卒業が公表された時期のJuice=Juiceは９人体制である。

金澤朋子さん卒業後の最年長メンバーは稲場愛香さんだったのに、彼女の卒業のことが頭からすっかり抜けおちていたのは、いまから思い返すと、あえて無意識的に考えないようにしていたにちがいない。

この時期の名乗りの順番は、リーダー植村あかりさん、サブリーダーの稲場さんと段原瑠々さん、井上玲音さん、工藤由愛さん、松永里愛さん、有澤一華さん、入江里咲さん、江端妃咲さんだった。

稲場愛香さんは研修生を経由してカントリー・ガールズでデビューしてから、活動休止後1年半の休養期間、活動再開後約9ヵ月でJuice=Juice加入という、ハロー!プロジェクトメンバーのなかではかなり異色の経歴だが、この時期には井上さんをふくめて、後輩メンバーが6人いて、すでにグループ内では中心的かつ先輩メンバー的な位置にあった。

2021年7月7日に第6期メンバーとしてJuice=Juiceに加入した有澤さん、入江さん、江端さんの3人のおかげで、グループ史上最多メンバー数になったこともうれしいできごとだった。

メンバーの卒業がつづくと、グループもさびしくなるばかりで、勢いがなくなり、先細っていってしまう。それゆえ新メンバー加入によって、グループはアップデートされて、新しく生まれかわる必要があるのだ。

この新メンバー3人のなかで、入江里咲さんはこのとき、Juice=Juiceのこれまでの歴史において唯一のオーディションでの新加入メンバーだった（おなじくオーディション出身で第7期メンバーとして遠藤彩加里《あかり》さんが加入するのは、2022年6月のことである）。後述するが、研修生を経験しなかった入江さんの苦労と努力ははかり知れないものがあったようだ。

とはいえ、研修生時代の有澤さんと江端さんもたいへんな努力をつづけていたことが、『Top Yell NEO 2022 SUMMER』（竹書房）のインタビューで語られている。

ダンスが未経験だった有澤一華さんのばあい、「研修生の頃は学校から帰ったら、手を洗って、そこからすぐダンスの練習を6時間する。［……］朝起きたら、ごはん食べて学校にいく前にダンス練習。［……］もちろん休みの日は1日中ダンス練習していました」とのことである。

研修生時代には、「入ったばかりのときが一番大変で、練習のたびに辞めてやる！と考えるレベルでしんどかったんです（笑）」という江端妃咲さんだが、自分では悩みもなく、全力でやっているつもりだったのに、「自分の全力と周りの方が思う全力のレベルが違うことがわかって、自分が思っている以上に全力でやらないと伝わらないんだなと気づきました」と、ハロー！プロジェクトのパフォーマンスのきわめて高度なクオリティについて、あらためて認識したことを述べている。

新メンバーでさえ、これほど努力に努力を重ねてきたのだ。だからこそ、自分たちが応援しているのがほんとうの実力派アイドルであって、そんな彼女たちを推していることが、ハロヲタのわれわれは誇らしいのだ。

Juice=Juice Familyとしてはまだまだ日が浅い著者であったが、稲場愛香さんの卒業が発表された時期のJuice=Juiceメンバーさんについて少し気ままに述べていきたい。

江端妃咲さん

筆者が小学生だったころに「ヒット」していた昭和歌謡曲の歌詞のように、うかつに近寄ったら、感電死してしまいそうな美少女が江端妃咲さんである。

なぜこんなレトロな表現が浮かんでしまうかというと、竹内まりやさんが1984年に発表した楽曲〈プラスティック・ラブ〉をJuice=Juiceがカバーしていて、そのミュージックビデオ冒頭での江端さんがこのうえなく印象的だったからである。

ちなみに、原曲の竹内まりやさんの〈プラスティック・ラブ〉は、海外では2010年代以降、日本のシティ・ポップとして再評価されており、2021年11月3日に復刻されたアナログレコード盤が発売4週間で累計1・8万枚の大ヒットとなっていた（ちょうどJuice=Juiceのカバーヴァージョンが発売された時期と重なっている）。

江端妃咲さんが新メンバーとして参加したトリプルA面シングル表題曲〈プラスティック・ラブ〉のミュージックビデオ冒頭からは、とりわけ彼女のアイドルとしての才能が開花しているのが感じられる。

昭和歌謡に特徴的とされる長いイントロの現代風アレンジもとても秀逸で、10人の全メンバーのカットがつづいたのち、歌い出しはなんと新メンバー最年少の江端妃咲さんなのだ。

宮本佳林さんを思わせるショートボブがかわいい江端さんの冒頭3カットは、最初が正面をみつめながら、歌詞にある「キス」を思わせるふりつけがすごくキュートである。

2カット目は少しアンニュイなまなざしを上目づかいに投げかけながら歌っており、3カット目では無言で視線をゆっくりと上向きに移していく彼女のおとなっぽい表情がせつなさを湧《わ》きあがらせる。この楽曲全体の雰囲気を、冒頭わずか数秒の江端妃咲さんの3カットだけで存分に伝えているのだ。

当時は最年少にもかかわらず、恋するおとなの女性を演じている江端さんのアンビヴァレントな表情がとても美しく、しかも彼女から歌いはじめるというヴィジュアルは、10人体制になった、まさしく新生Juice=Juiceの現在をシンボリックに力強く押しだしていく。

彼女は撮影スタッフのそうした高難度の要求にみごとに応えていて、〈プラスティック・ラブ〉のミュージックビデオを冒頭から大成功へと導いた。

新メンバー3人のなかでも最年少の江端妃咲さんだが、ハロプロ研修生に加入したのが2019年8月であって、2021年7月にJuice=Juiceに加入した新メンバー3人のなかでは、じつは研修期間がもっとも長く、経験の積み重ねもいちばん多いメンバーさんなのだ。

さらには、彼女はアイドルに不可欠な愛嬌のよさもたっぷりそなえている。

2022年1月21日の「Juice=Juice 15thシングル発売記念インターネットサイン会」初回で、彼女は稲場愛香さんと共演したのだが、当選者の名前を読みあげるときの京都出身らしいおっとりした声色や、サイン色紙をみせながらカメラアピールするときの表情も、稲場さんに匹敵するほどの強烈なかわいらしさを発揮して、稲場さん推しのぼくをも激しく魅了した。

この時期の最年少メンバー江端妃咲さんのポテンシャルの高さこそは、これからのJuice=Juice全体のさらなる成長への可能性を示唆《しさ》していた。

入江里咲さん

初代リーダー宮崎由加さんを思わせる、ちょっと困り顔の表情がかわいい入江里咲さんであるが、第6期メンバーのなかでだれよりも初々しい。

前述したように、「ハロー！プロジェクト〈Juice=Juice〉〈つばきファクトリー〉合同新メンバーオーディション」にみごと合格し、新メンバーとして加入したために、研修生を体験していないからである。

2022年3月20日の「Juice=Juice CONCERT TOUR ~terzo~」初日は落選ゆえに、同年4月最初の週末に開催された「ひなフェス」には勤務校での仕事ゆえに、参戦がかなわなかったのだが、4月3日の夜にみつけたニュースサイト『GirlsNews』の記事を読んだ。「Juice=Juice、入江里咲がひなフェスに初参加〈ここだよ、りさち！〉コール継承」という記事である。

「4月20日発売のアルバム《terzo》からの新曲などに続いて〈Magic of Love（J=J 2015Ver.）〉を披露し、曲中では入江里咲さんに向けて〈ここだよ、りさち！〉とメンバーがファンに代わってコールする一幕も」。

この楽曲は、金澤朋子さんが歌う「どうしよう　何処にいるの」という歌詞にあわせて、ハロヲタたちはみな「ここだよ、朋子！」というコールを入れるのだ。それゆえ、金澤さんとJuice=Juice Familyをつなぐ絆のような楽曲で、しかもライブ映えがして、とても盛りあがるのだが、それだけにコロナ禍の観覧マナーで声を出して応援できないのがもっとも残念な楽曲でもあった。

ところが、金澤さん卒業から4ヵ月が経過して、そのパートがついに、新メンバーの入江さんに継承されたことがステージ上で堂々と宣言されたのである。

観客が声を出して応援できないかわりに、ほかのメンバーさんが「ここだよ、りさち！」とコールしたのだ。かくして、だれもが愛した2代目リーダー金澤朋子さんの卒業とともに封印されるかにみえた楽曲〈Magic of Love（J=J 2015Ver.）〉のコールは、入江さんに受け継がれたのである。

サードアルバム《terzo》収録の新曲〈POPPIN' LOVE〉で、入江里咲さんの「たまにキツくいっちゃうけど、すっごく好きだからなんだよ」というセリフもとてもかわいらしくて、彼女にふさわしい。

このセリフ部分は歌詞カードにも「○○○○・・・」とあるだけで、しかもメンバーさんの裏話によると、ほかのメンバーさんも収録はしたけれど、採用されたのは彼女だったということである。

ぼくのような素人にはおよびもつかないが、楽曲づくりのプロフェッショナルたちの判断はやはり正当だったようだ。あのセリフの異様なかわいらしさは、やはり入江里咲さんだからこそのものだと思わされる。

『TopYell NEO 2022SUMMER』収録の単独インタビューによると、加入直後の入江さんは想像を絶するほどの苦労と努力を重ねていた。同期の江端妃咲さんと有澤一華さんは研修生経験者であるが、入江さんだけはまったくの未経験である。

同期の2人は研修生を経験していますからね。当然、最初からレベルがまったく違っているんです。私だけ明らかに何もできなくて……／〔…〕だから私だけできない中、レッスンはどんどん進んでいくんです。レベルが低い私は別メニューで、2人は曲を先に覚える感じで。もう頭がパニック状態でした。というか毎日泣いていました。本当に毎日毎日……。なんで泣いているのか、自分でもわからないんですよ。でも不安に押し潰されそうだし、先のこともまったく見えないし、急に違う世界に飛び込んだ戸惑いもすごくありましたし。

YouTubeで無邪気にハロプロを応援している段階では、メンバーが裏でこんなに努力しているなんて想像すらしていなかったという入江さんだが、現在は1曲分のふりつけを1時間もあ

れば覚えられるそうだから、彼女の努力もおなじく人並外れたものだったはずである。

未経験ということは、べつのいいかたをすると、これからの成長が無限大ということである。オーディション合格からJuice=Juiceに新メンバーとして加入した入江里咲さんは、そういうはかり知れない伸びしろがあるという判断が選考スタッフによってなされたゆえに、合格したということなのだ。

〈POPPIN' LOVE〉のセリフ部分の起用のみならず、中学3年生のときは和太鼓部部長だったという入江さんの和太鼓が楽曲でいつか活用されるところをみてみたいと、つい期待せずにはいられないのである。

有澤一華さん

2020年の「アンジュルムONLY ONEオーディション〜私を創るのは私〜」の最終審査で惜しくも落選した有澤一華さんは、2020年11月に研修生になった。そしてわずか8ヵ月後の翌2021年7月7日にJuice=Juiceに第6期メンバーとして加入したのである。

2021年12月中旬に開催された「15thシングル発売記念イベント」の個別お話し会で、加入当時、高校3年生であった有澤さんに自身の留学経験について質問してみた。すると、すでに5回留学していて、最後の5回目はヴァイオリンのための留学だったという答えが返ってきた。

おそらく夏休みなどの長期休暇を利用しての短期留学を重ねたと思われるが、毎日のブログを日本語と英語の2ヵ国語で欠かさず書きつづけているという事実は、彼女の語学力が一朝一夕のものではないことを証明している。

彼女のちょっとふんわりとした感じも、いかにも英才教育を受けたお嬢さまといった上品な雰囲気ととてもマッチしている。


絶対音感をもっているという有澤一華さんが幼少時からつちかってきたヴァイオリン演奏は、Juice=Juice加入後初のシングル曲〈Future Smile〉で申し分なく発揮される。コンサートでは、この楽曲の間奏を、彼女がヴァイオリンで生演奏するのだ。

プロフェッショナルアイドル集団とされるハロー！プロジェクトだが、楽曲中でここまで大胆に、しかも自身のデビューシングルで起用されるというのは、楽曲スタッフからもその演奏技術が高く評価されているということなのだろう。

稲場愛香さんが立っているときのステージで、ぼくがほかのメンバーさんをみることはまずありえない。

だが、数少ない例外が〈Future Smile〉間奏パートでの有澤一華さんである。彼女のヴァイオリン生演奏シーンだけは、その迫力ある演奏に釘づけになってしまうからだ。

かつてコンサートで、これほど本格的にヴァイオリンの生演奏を披露したアイドルが存在しただろうか。

稲場さんの卒業公演もふくめて、2022年春ツアー「Juice=Juice CONCERT TOUR〜terzo〜」公演ではときどき、有澤さんは楽曲中のヴァイオリンを演奏しながら、クルッと1回転してくれたのだけれど、衣装のミニスカートがたなびくところがとても華やかで、いかにもアイドルらしい輝きを放っていた。

そして、彼女もやはりJuice=Juiceやハロー！プロジェクトのほかのメンバーに負けない、アイドルに不可欠である強烈な個性をもっている。

DVDマガジンやライブでのMCなどでもちょっとかわった言動で、メンバーさんを笑わせ驚かせたりするのだが、大阪出身のぼくには、なにかをせずにはいられない関西人特有の精神文化の1種だと感じられる。

2022年4月下旬開催の「Juice=Juiceサードアルバム《terzo》発売記念チェキ・一言サイン・クリアファイルお渡し・お話し会」での有澤一華さんは、とても彼女らしかった。

個別クリアファイルお渡し会で、彼女のブースに入ると開口一番、「『モチモチの木』の人だ！」と、元気に呼びかけられた。「だって、『モチモチの木』のTシャツ着てましたよね？」

もちろん、こちらにはまったく身に覚えがない。斎藤隆介（作）、滝平二郎（絵）『モチモチの木』（岩崎書店、1971年）は有名な絵本ではあるし、小学生のときの国語の教科書に収録されていたために、個人的にはよく知っていたけれども……。

それ以前の「15thシングル発売記念イベント」の個別お話し会でも、ぼくとは何度か話したことがあるはずなのにと思いながらも、こういうハプニング（？）もまた〈現場〉の楽しさであって、有澤一華さんという独特のキャラクターを体験できたと考えている。

とはいえ、彼女もやはり多感なティーンエイジャーである。金澤朋子さんの卒業公演最後のセレモニーでは最初から涙がこぼれそうになっていた。

「［金澤さんと］パフォーマンス中に眼が合うときにそらしてしまうときは、金澤さんの卒業のことが頭に浮かんで、ちょっとさみしくて、ちょっとそらしてしまってました」と、有澤さんが告白すると、「そうだったの！　さびしかったよー！」と答える金澤さんと泣きながら笑いあうのだった。

松永里愛さん

２０２１年４月６日に「リミスタ」で開催された「14thシングル発売記念インターネットサイン会」では、生配信にもかかわらず、松永里愛さんは異様なテンションで奇抜な言動を連発して、ペアの稲場愛香さんを困らせ、疲れさせた。

この日のイベントで松永さんの破天荒な性格がファンに印象づけられたのだが、そのときの彼女には彼女なりの理由があったのだろう。

たとえばこの当時、最年少メンバーだった松永さんは、個性派ぞろいだった先輩メンバーに負けないように、もてるかぎりの自分の個性や感性といったものを率直に出してみただけだったように、いまとなっては思うのだ。

そして、さらに同年4月14日のインターネットサイン会のペアはリーダー金澤朋子さんだった。少なくとも、彼女がこの先輩メンバーふたりに全幅の信頼を寄せていたからこそ、松永里愛さんはあまりに自由にふるまえたのだった。でも、それは少し自由過ぎたのだけれど。

事実、それ以降のインターネットサイン会では、松永さんは一部のファンが期待したほどには「大暴れ」することもなかったのである。

2021年10月25日にYouTubeで公開された「Juice=Juice ニューシングルのお知らせ」はメンバー10人勢ぞろいで告知する動画で、いつになく元気が感じられない松永里愛さんはそれでも気丈にふるまっていた。

ところが、2代目リーダー金澤朋子さんが自身の卒業に言及すると、松永さんの眼はどんどんうるんでいく。彼女が明らかに無理をしているのがわかって、みていられなかった。

加入当時は最年少メンバーだった松永さんと、最年長でリーダーの金澤さんとの年齢差は10歳だったが、それにもかかわらず、金澤さんをもっとも慕《した》っていたのは松永さんだった。

金澤朋子さん自身はハロプロメンバーからもハロヲタからも愛される、だれもが大好きなメンバーさんだが、松永里愛さんほど率直にその気もちをぶつけることができたメンバーはいない。

〈Familia〉のミュージックビデオで、金澤さんにしがみついている松永さんの笑顔は、ほかのメンバーのだれよりもほんとうに幸せそうにみえる。

金澤朋子さんの卒業発表があった2021年10月6日付の松永里愛さんのブログは、彼女なりに激しい動揺を隠すことなく、少し悲壮な覚悟みたいなものが感じられたのだが、翌朝10時に公開されたブログでは即座に立ち直りをみせて、Juice=Juice Familyに対しても、みごとな心づかいをみせたのだった。

「皆さん!!／おはようございます！　元気でしょうか⁉　よく寝られましたか⁉　まだ元気が出ないよ〜／まだ涙が止まらないよ〜／という方もいらっしゃるでしょう！　ぜひいっぱい泣いてください！　でもその後はその倍笑ってください！　笑っていると良いことあります」と記して、それ以降には工藤由愛さんとの「おもしろエピソード」を提供してくれたのである。

彼女の10月7日朝のブログはハロヲタの心を大きく動かしたのだろう。同日午前中のTwitterのトレンドに「松永里愛」の名が刻まれた。


のちに、2022年秋のコンサートツアー「Juice=Juice CONCERT TOUR ~nouvelle vague~」で披露された楽曲〈イジワルしないで 抱きしめてよ〉では、金澤朋子さんの歌詞パート「私はローズクォーツ」を引き継いだのが松永里愛さんだった。

この曲は金澤さんがその歌詞を歌うのが非常に印象的で、それゆえに2020年冬の金澤さんのソロライブツアーのタイトルが「金澤朋子 LIVE 2020 ～Rose Quartz～」となっているほどである。

その金澤さんの象徴的な歌詞パートが、あれほど彼女を慕っていた松永さんの担当になったことに、Juice=Juice Family は涙したのだった。

2021年7月からは3人の後輩メンバーをむかえていた松永さんはこの時期、金澤さんの卒業後にいつまでも先輩メンバーにあまえるばかりではいけないと自覚したようだ。

それは稲場愛香さんの卒業発表に関する彼女のブログからも読み取れる。


金澤さんがご卒業される時も実感ないまま卒業コンサートを迎えていつも通りへらへら笑ってて／次の日からお仕事場に行っても金澤さんがいなくて卒業されたことを実感して／毎日悲しかったので多分、稲場さんがご卒業された後もそんな気がしてます！笑

でもね！私大人になったみたいで／金澤さんが卒業を発表された時は号泣した後、拗ねて帰ります！って言って帰ったんですけど／稲場さんの時は後輩やゆめが泣いてるのをにこにこみてたので先輩方からも泣かなくなったね！と言われ

ました～～

ゆめりあいの意味のわからん子供だった時代を見守っていて下さった先輩方がご卒業されていくのは寂しいですね！笑

［……］

とりあえず私は浸る前に淡々とやるべきことがあるのでやってきます

（２０２２年3月18日付）

このときの松永さんはふりきっていて、とても頼もしい。工藤さんと松永さんの同期メンバーふたりは「ゆめりあい」と呼ばれていて、このおふたりが出演するFCイベントが２０２１年からつづけて開催されている。そして、工藤由愛さんと松永里愛さんが、稲場愛香さんの卒業後にさらなる新メンバーが加入する予定だったJuice=Juiceの中心となって、先輩メンバーとともに後輩メンバーたちを牽引していくのだ。

おそらく、松永さんは非常に鋭敏な感受性をもっていて、しかも洞察力もあるために、いろいろな考えを遠くまでめぐらせることが多いだけなのだろう。

「Hello! Project 2021 Summer Sapphire & Ruby」の札幌公演のときに、親しいオタク仲間のひとりが羽田空港発・新千歳空港着の旅客機でハロプロメンバーさんたちの近くの座席になったのだが、松永さんは黙々と読書していたそうである。

つまり、われわれが気づかない、またはつい見過ごしてしまうことを、松永さんの鋭い感受性はとらえて、直観的に考えてしまうのだ。自分が感じて考えたことを、彼女はライブでのMCでそのまま語り、ブログではそれを直接かつ簡潔に書きつけているだけのように思われる。それゆえに、若い彼女の感じたニュアンスがわれわれには伝わりにくいということのようだ。ぼくみたいな年齢になると、そんな少し危なっかしく思える松永里愛さんがかえって愛おしい。自分がとっくに失くしてしまった感性をもつ彼女が、とてもうらやましく感じてしまうからである。

工藤由愛さん

アイドルという職業には、もともと純粋、清純といった性質がそなわっているものだが、工藤由愛さんの純真さは、もはや聖なる段階まで到達しているのではないだろうか。

彼女は、おそらくJuice=Juiceのなかでは、ぼくがもっとも古くから知っているメンバーさんなのだ。２０１７年11月23日に開催された「ハロプロ研修生北海道 定期公演 Ｖｏｌ．５」のときからである。

忘れもしない、ぼくの最初の〈現場〉だからで、もっとも、ぼくのめあては復帰後にハロプロ研修生北海道のリーダー的存在となった稲場愛香さんだった。

とはいえ、この公演では、稲場さんとハロプロ研修生北海道時代の工藤由愛さんとのちのモーニング娘。'23山﨑愛生《やまざきめい》さんの〈恋泥棒〉のパフォーマンスをみて、公演後のハイタッチ会でもごくわずかな会話をかわしたはずである。

当時のハロプロ研修生北海道は同期以外のメンバーさんがいなかったために、工藤由愛さんにとっては稲場愛香さんが最初の先輩だった。

それゆえ、彼女の卒業公演のセレモニーでは、稲場さんが最初の先輩であったのは恵まれていたと思っていること、「こんなにかっこいい先輩の稲場さんに教わったから、しっかり者なんだよ」と、これからの後輩たちに伝えていきたいと涙ながらに稲場さんに伝えて、「どさんこ魂」を受け継いだことも宣言したのだった。

2019年8月10日に横浜Bay Hallで開催された「〈「ひとりで生きられそう」ってそれってねえ、褒めているの？／25歳永遠説〉発売記念イベント」が、Juice=Juiceメンバーとなった工藤由愛さんとのはじめての握手会だったと思われる。そのとき、まるで彼女の大好きなタコの足がからみつくように、白い衣装の工藤さんがぎゅっと力強く握手してくれたのを、いまでもよく覚えている。

いつも熱心でまじめな工藤由愛さんは、初期のブログでは毎回最初に、前日のブログの要約まで書いてくれるほど丁寧な中学生アイドルだった。

彼女のタコ好きをいまさら知らないハロヲタはいないと思われるが、彼女はそのタコ好きが契機となって、『月刊アクアライフ』２０２１年10月号（エムピー・ジェイ）から連載をまかされるようになって、２０２２年２月号では表紙も飾っている。

工藤由愛さんのことを思いだそうとすると、なぜか接触イベントでのことが先に出てくるのは、やはり彼女の一途なまなざしが印象深いからだと思われる。

「13thＣＤシングル〈ポップミュージック／好きって言ってよ〉発売記念イベント」の一言サイン会のときのことである。一言サインの文面は「ゆめちゃんのゆめはなんですか」という、かなり安直なものだったにもかかわらず、赤いペンでタコのイラストまで書き足してくれたのちに、「わたしの夢は、わたしの笑顔で世界中の人を笑顔にすることです！」と、またもや真摯でまっすぐなまなざしのまま、笑顔で答えてくれたのだった。

『OVERTURE No.22』（徳間書店、２０２０年）に掲載されている稲場愛香さん、段原瑠々さん、松永里愛さん、工藤由愛さんのインタビューでは、加入して１年が過ぎた「ゆめりあい」の関係について語られている。

段原　里愛ちゃんは初対面だと、わりと猫を被りがちなんですよ！
松永　バレてる〜（笑）！
段原　入った当初は大人しめな子かと思っていたので、口を開けばすっごく元気な子でびっくりしましたね。
稲場　そうですね、２人とも想像以上にちゃんと年相応な子たちだなっていうことが分かりました（笑）。里愛ちゃんは見た目が大人っぽいけど、実は無邪気で天真爛漫。由愛ちゃんはすごく真面目なんですけど、里愛ちゃんと一緒にいたら徐々に似てきていて。今までそんなふざけたことしなかったよね？っていうこともやるようになって、ニコイチ感がすごいです。
段原　すっごい仲良しだよね。
松永　由愛とはハロプロ研修生のときに関わりがほとんどなかったので、こんなに仲良くなれると思ってなかったんです。
工藤　私は人と喋るのが苦手なんですけど、里愛といたら自分らしく話せるようになりました。先輩方といるときも里愛が私のことを話してくれるから、自分のことも話せるようになって。

「ゆめりあい」のおふたりは性格がまったく異なっているけれど、いまではとても仲がよいことや、会話が苦手だったり、まじめすぎるといわれていた工藤さんが松永さんに影響された結果、松永さんとふざけあったり、自分のことを話せるようになったことが語られている。Juice=Juice加入後の1年間で、ふたりの関係性が変化していったことがよくわかるインタビューである。『週刊ファミ通』2022年4月21日号（KADOKAWA Game Linkage）の「MONTHLYハロ通」では、松永さんと工藤さんのちょっとおもしろいグラビアが掲載されている。

松永さんが白、工藤さんが黒の衣装なのである。このおふたりの印象だと、なんとなく衣装の色の組みあわせが逆のように思われるのだが、不思議なことにそれほど違和感がない。つまり、「ゆめりあい」のペアはキャラクターが正反対に思われるけれど、じつはこんなぐあいに調和しているのである。

稲場愛香さん卒業後に新メンバーの石山咲良《さくら》さんと遠藤彩加里さんが加入すると、工藤由愛さんと松永里愛さんの後輩メンバーは5人になった。いまはJuice=Juiceの立派な中堅メンバーとして、かつての自分たちに対してそうだった先輩たちのように、後輩メンバー5人を見守っているのだ。

井上玲音さん

ガーリー（girly / girlie）という形容詞にもっとも似つかわしいJuice=Juiceメンバーは井上玲音さんだと個人的に思う。

かわいらしくも美しい小顔のうえに、手足も細くて長くて、すらっとしたスタイルは女子のたいていが憧れるようなヴィジュアルである。

〈GIRLS BE AMBISIOUS! 2022〉の井上さん担当の歌詞は「言わせて下さい　この美貌は〈顔面国宝〉でしょう！　……やっぱりウソ！」となっていて、ご本人も否定しているけれど、あながち「ウソ」ではないと感じてしまうのは、ぼくだけではないだろう。

ハロー！プロジェクトのなかでも、井上さんはもっともコロナ禍に翻弄されたメンバーさんのひとりかもしれない。

２０２０年3月30日にTOKYO DOME CITY HALLで開催されたこぶしファクトリーの卒業公演「こぶしファクトリー ライブ２０２０～The Final Ring!～」は残念ながら無観客で生配信となった。さらに２日後の４月１日に、彼女のJuice=Juice加入が金澤朋子さんから電撃的に発表された「Juice=Juice〈ポップミュージック／好きって言ってよ〉発売記念 無観客ミニライブ」もまた、同様だったからである。

ナイスガールトレイニー、ハロプロ研修生を経由して、こぶしファクトリーとしてデビューした井上さんは、２０２０年１月８日にグループの解散が発表されたとき、唯一ハロー！プロジェクトでの活動継続が決定していたメンバーだったが、解散コンサートとJuice=Juice加入発表は無観客の生配信だったのだ。

カントリー・ガールズ元メンバーだった稲場愛香さんとおなじく、いわゆる「移籍組」として加入した井上玲音さんは、稲場さんとおなじ宿命を背負っていた。すなわち、こぶし組（こぶしファクトリーのオタク）の期待とJuice=Juice Familyの不安を同時に背負うということである。

井上さんと稲場さんのふたりに、このことを正面から質問したインタビューが『Top Yell NEO 2021~2022』（竹書房、2021年）に掲載されている。

井上　「お邪魔します」という感覚は私もまったく同じでしたね。私のJuice=Juice加入は生配信の中で発表されたんです。だけど私自身はその場にはいなくて、画面上で様子を見ていたんですよ。コメント欄を見ても、みんなすごくビックリしているし、否定的な意見がないか気になって仕方なかったです。

稲場　わかる、わかる（笑）

井上　こぶしファクトリーのときから応援してくれていた方は「続けてくれてうれしい」といった温かい意見が多かったんですよ。だけど、前からJuice=Juiceというグループを応援していた方に認めてもらえるかというのが気になって……。やっぱりオリジナルメンバーさんを応援している方が多いわけですし。

Juice=Juice加入への不安を具体的にうちあけた井上さんに共感している稲場さんだが、それは彼女もすでにたどってきた道だからである。それまでのハロー！プロジェクトでは、稲場さんしか、井上さんと同様の経験をしたメンバーはいなかったのだから。

井上玲音さんがJuice=Juiceに加入してからの変化は、まず楽曲にあらわれた。彼女の加入後に発売されたシングル〈DOWN TOWN〉の間奏では、井上さんの特技ボイスパーカッションがあますところなく発揮されている。

ライブシーンでは、この楽曲の間奏前半、ボイスパーカッションを披露する井上さんを中心に、メンバー全員がダンスパフォーマンスしているのが、Juice=Juiceではまさにこれまでになかったステージなのだ。

井上玲音さんの特技はもうひとつあって、それは高速まばたきである。2021年5月11日深夜に放送されたテレビ東京系音楽番組『プレミアMelodiX!』に出演したさいには、司会の南海キャンディーズのおふたりに、高速まばたきとボイスパーカッションを同時におこなうという離れわざをやってみせた。

このときは、（ぼくの勤務校の卒業生でもある）山里亮太さんに「Juice=Juiceどうなってんの!?」、「やべぇ、バグった!?」といわせるほどの渾身の瞬間芸だった。

あれほど美麗なヴィジュアルなのに、こうした三枚目役も難なくこなして、笑いをとってしまうのが、ただの美形アイドルで終わらない井上玲音さんのひときわ異彩を放つ魅力なのだ。

段原瑠々さん

ハロー！プロジェクトのメンバーはだれもがヴィジュアルのみならず、歌唱とダンスのスキルも抜きんでていて、そのようなアイドルを応援していることを、ハロヲタたちはつねに誇りにしている。

なかでも、段原瑠々さんはそうしたハロプロアイドルを体現したシンボルアイコン的なメンバーさんだと思われる。彼女は歌唱とダンスの両方ともが最高度に傑出しているからである。

ちなみに、2020年2月2日深夜に放送されたフジテレビ系音楽番組『Love music』の企画「ハロプロ全58人が選ぶ禁断のランキング【歌が上手いメンバー】」では、Juice=Juice高木紗友希さん、モーニング娘。'20小田さくらさんについで、第3位だった（ちなみに、【ダンスが上手いメンバー】第1位は稲場愛香さんである）。ダンスに関しても、稲場さんの卒業後に、ダンス部メンバーから結成されたスペシャルユニットL!PP（from Hello! Project Dance Team）に選抜されたほどである。

2020年10月25日放送のテレビ東京系音楽バラエティ『THEカラオケ★バトル』に、段原瑠々さんが参戦したときのことである。

彼女はａｉｋｏさんの楽曲〈カブトムシ〉を歌ったのだが、得点が伸びずに予選グループ最下位で敗退となってしまう。結果を受けて、段原さんの眼から涙があふれだすのだが、その理由は「応援してくれたファンに申し訳なくて」というものである。

全国放送のテレビ番組で、段原瑠々さんは自分を推してくれるハロヲタを想って泣いてくれるアイドルなのだ。そして、テレビに映る段原さんの涙をみたハロヲタもまた、感謝とうれしさのあまりに、もらい泣きせずにはいられないのだ。

段原瑠々さんはほんとうに心根のやさしいメンバーさんだと思う。『Top Yell NEO 2021～2022』掲載の、段原さんと新メンバー3人とのインタビューでも、先輩として類をみない心づかいをみせていた。

オーディションでJuice=Juiceに加入した入江里咲さんが歌もダンスも未経験だったために、横浜アリーナ公演のリハーサルで大苦戦したという話題では、先輩メンバー段原さんからの入江さんへのいたわりのことばに感動してしまう。

「私のせいでリハーサルが遅れちゃってすいません」とか謝ってくれることが何度かあったけど、新メンバーなんて迷惑かけるものだって最初からわかっているから大丈夫（笑）。むしろ迷惑かけられることが、うれしいくらいなんだよ。「こうやって新しいJuice=Juiceが始まっていくんだな」って横アリのリハーサルを通じて私も実感できたし、今はワクワクしている気持ちです。これからも一緒にがんばっていこうね。

このインタビューで入江里咲さんが感激して、うれし泣きしてしまうのは、無理もないことなのだ。

興味深いのは、段原さんのご家族のみなさんもご同様らしいことである。ラジオ番組や『Juice=Juice 稲場愛香×段原瑠々FCイベント2021~まなるる~』でも話された話題だが、稲場さんは、段原さんのご家族といっしょにTV電話などをつうじて、アプリゲームで遊んでもらったりしている。たとえおなじグループのメンバーであるとはいえ、家族ぐるみでのつきあいはそうそうないと思うのだが。

2022年3月29日放送の『We are Juice=Juice』稲場さんと段原さん担当回では、段原さんは稲場さんを「家族っぽいメンバー第1位」だと感じていて、稲場さんによると、ご家族はみんな段原さんみたいで、この家庭で育ったからこそ、段原さんがこうなんだというのがわかるとのことだった。

それゆえ、彼女のブログにはご家族のことがよく触れられているし、ご家族をめぐるやさしいエピソードはいつもほほえましい。そんな段原瑠々さんが眼を細めて笑っているときのやわらかい笑顔に毎回、いやされるのである。

Juice=Juiceオリジナルメンバーの活動終了や卒業があいついだ2021年の大晦日のコンサートで、段原瑠々さんは稲場愛香さんとともにサブリーダーに就任した。

2013年9月のハロプロ研修生加入から約3年9ヵ月後の2017年6月に、第2期メンバーとしてJuice=Juiceに加入した段原さんだが、彼女こそが現在のこのグループをつくってきたといっても過言ではない。

同時加入した同期の梁川奈々美さんが2019年3月に卒業したのちも、オリジナルメンバーを支えて、新規加入した後輩メンバーを助けて、彼女は加入後からずっとJuice=Juiceを盛りあげてきたのだから。

15枚目のトリプルA面シングル〈Familia〉のミュージックビデオで、工藤由愛さんとけんかした松永里愛さんに、段原さんが仲直りのためのダブルバーのアイスをわたすといったドラマシーンがあるけれど、あのカットは、監督が後輩メンバーふたりと段原さんとの関係性を鋭く見抜いているように感じられる。

Juice=Juice加入から4年半が過ぎた2021年末に、その彼女がついにサブリーダーに就任したのは、段原さんのこれまでの絶えまない努力を「事務所」が充分に認めているということにほかならない。なるべくして、サブリーダーになったのだ。

料理じょうずの段原さんのブログには、いろいろな料理の写真がなかなか頻繁に掲載されている。盛りつけも上品で美しく、ほんとうにおいしそうで、それらの写真を夜にみると、いわゆる「飯テロ」されてしまう。

段原さんが手づくりパンを焼いて、翌日の楽屋でメンバーさんにおすそわけすると、その日の彼女たちのブログは、段原さんからわけてもらったパンの写真でにぎわうのだ。

アイドルがSNSなどに料理の写真を高い頻度でアップしていると、アイドルオタクはつい身勝手な疑念や不安を覚えてしまったりするものらしいが、段原さんにかぎっていえば、そんな妄想を思い描くハロヲタはひとりもいない。

かれらはだれもが彼女の実直で誠実な人柄をとてもよく知っているからである。そして、それは1度でも個別お話し会などのイベントの〈現場〉で段原瑠々さんと逢えば、だれにでもすぐにわかることなのだから。

植村あかりさん

2021年11月24日の横浜アリーナでの金澤朋子さんの卒業公演でJuice=Juice 3代目リーダー就任が発表されたのが、植村あかりさんである。5人体制時代では最年少だった植村さんはいまやただひとりのオリジナルメンバーとなっていて、ついにリーダーに指名されたのだ。

ブルーレイディスク『Juice=Juice＆カントリー・ガールズLIVE～梁川奈々美 卒業スペシャル～』を見返すと、楽曲〈シンクロ。〉をパフォーマンスしている植村さんが眼にとまる。「最初はぎこちない会話から」という歌詞を歌う段原瑠々さんが泣きくずれそうになるところを、植村さんが彼女にそっと手を差しのべて、やさしく笑いかけたおかげで、段原さんがもち直すというシーンがあるのだ。

卒業する同期の梁川奈々美さんを想って動揺する段原さんの危うい瞬間に、間一髪のタイミングで寄りそえる植村あかりさんこそ、Juice=Juice３代目リーダーにふさわしい。

リーダー就任後の彼女は、ロングヘアの美麗さにますます磨きがかかり、少しあどけない雰囲気の笑顔には輝くようなチャーミングさがみちあふれるようになった。

それもそのはず、「23」という数字が大好きな彼女は、この年の12月30日に23歳をむかえて、ノリにノっている1年を過ごしていたのだ。

植村あかりさんがパーソナリティとしての才能を開花させたのは、２０１９年10月から12月まで出演した毎日放送の『週刊ヤングフライデー』、同年11月から翌年3月末までに放送された『ラジオでもない音』だと思われる。

どちらも植村さんの少し甘い声でのユニークな語りが楽しくて、アイドルがアシスタントをつとめる若者向けラジオ番組のおもしろさを最大限に引きだしていた。とくに後者は「音」をめぐる実験的なことを試行する番組で、彼女の明るい個性が存分に発揮されていて、共演の三遊亭とむ氏（現・錦笑亭満堂師匠）をパワフルにふりまわし、番組を盛りたてたのだった。

このふたつのラジオ番組での奮闘ぶりが評価されたからだろう、２０２１年10月から毎日放送製作のテレビ番組『西之風ブラン堂』とラジオ版『西之風ブラン堂ラジオ』の番組ＭＣに、植村さんはアンジュルムのサブリーダー川村文乃《あやの》さんとともに抜擢された。

金澤朋子さん卒業後にラジオ日本『爆夜～BAKUNAI』３代目アシスタントに段原瑠々さんとともに就任した植村さんは、くわえてテレビとラジオの連動番組も担当することになって、メディアでの露出が倍増し、ファンをよろこばせた。

『西之風ブラン堂』は、西日本で新しい地方ブランドを創生しようと尽力している地元の方がたとその活動をクイズ形式で紹介していくテレビ番組である（毎回、「締めのひと言」として、普段はダジャレなどいいそうもない「店主」植村あかりさんのダジャレで終わるところが同番組のキモなのだ）。

この番組内で植村さんと川村さんがいろいろ試食したり、欲しがったりしているのを視聴すると、ほんとに現地にいってみたくなるし、そこで食べてみたくなるのである。

２０２１年11月１日の放送で紹介された和歌山県の観音山フルーツガーデンが運営する「観音山フルーツパーラー銀座店」には、植村さん推しの方に連れていってもらった。

ラジオやテレビのパーソナリティとしての彼女のトークスキルは、元気な明るさがまろやかに熟成された印象である。

かつて、植村あかりさんはブログを書くのが苦手だったらしく、短いものが多かった。ところが、リーダーになった時期から、さまざまな告知をしなければならない立場ゆえだろう、彼女のブログはどんどん長くなって、内容も突きぬけたものが増えていくのである。

２０２２年3月24日付のブログには、そんなリーダー植村さんとメンバーさんのやりとりが書かれていて、爆笑してしまう。

とりわけ、自分のブログの短さを指摘される植村さんがおもしろい。

じつはブログ投稿用の原稿には締め切りがあるそうで（おそらくはマネージャーさんが内容をチェックしているためだと思われる）、ライブのあとに後輩メンバーたちがブログ原稿を書きあげられるかどうかを心配していると、締め切りまで30分ほどあるので、植村さんが「全然大丈夫だよ」と安心させようとしたら、後輩たちに「植村さん短いじゃないですか！」と返されてしまうのだ。

しかも段原瑠々さんからは、植村さんのブログが「〈今日は楽しかったです！ それではおやすみなさい〉ですか？」とまでいわれて、それを稲場愛香さんが「いじってる〜」と微笑んでいるといった楽屋のようすが描写されているのだ。

おなじアイドルグループのメンバーさんどうしとはいえ、上下関係が厳格な芸能界である。いくら仲がよいといっても、これほど気やすく、先輩でリーダーでもある植村さんのブログの短さを後輩メンバーみんなで笑いあったりできるものだろうか。

植村あかりさんのリーダーとしてのあまりにも大きな器量や、Juice=Juiceメンバーの絶対的なゆるぎない信頼関係に深く感動してしまう。これほど仲がよいアイドルグループを応援していることを誇りに思わずにはいられないのである。

同年3月27日付のブログからも、リーダー植村さんの絶好調ぶりがうかがえる。この日の植村さんはJuice=Juiceの楽曲〈GIRLS BE AMBITIOUS〉の歌詞について熱く語るのである。

この楽曲の歌詞はメンバーの自己紹介になっているのだが、2019年春のホールツアー『Juice=Juice CONCERT TOUR 2019 ～JuiceFull!!!!!!! ～』では、かつて宮崎由加さんの歌うパートが「ブログの更新2000件に一番乗り」という歌詞であったことに、植村あかりさんはミラクルな指摘をおこなうのだ。

最長活動メンバー植村さんのブログ更新数はこの日の時点で2682件、Juice=Juiceの元メンバー全員をふくめても、第1位である。更新数3000件が近づいてきたために、彼女としては「3000件一番乗り」、あるいは「今のところ更新数第1位」と歌いたいとのこと。

しかも、この楽曲の歌詞はメンバーさんへのアンケートから採用されるようだが、じっさいの歌詞に反映されていないこともあるために、歌詞が決定される過程は謎だといってみたり。

さらには更新数3000件が達成されて、〈GIRLS BE AMBITIOUS! 2022〉を歌うことになって、歌詞がそうなっていなかったばあいには、自分で勝手に歌うので、「楽しみになされよ」と宣言してみたり（ブログ更新3000件が達成された2023年4月8日に開催された「Juice=Juice 10th ANNIVERSARY CONCERT TOUR ～10th Juice～」石川県本多の森ホール公演でのパフォーマンスで、「ブログの更新3000回　一番乗りカモン」と、彼女はほんとうに歌ってみせるのである）。

稲場愛香さんが「自由な女神」という名をささげた植村あかりさんはこの週は毎日ブログを更新していて、「そのくらい最近は書きたいことをブログに書くっていう日課になってていい調子です！」と、この文章からも彼女がとても楽しんでいるのが伝わってくる。

この日の自撮り写真も、植村さんの明るい笑顔や楽しそうな表情が非常にすばらしくて、まさしく絶好調なのである。

やはり、リーダーが元気だと、後輩メンバーたちも元気になって、グループ全体が活気づくのだ。

3代目リーダー植村あかりさんがひきいるJuice=Juiceの現在を、さらには未来も、リーダーが自身の名前どおりにあかるく照らしていた。

オタクの肖像3

●「ハチ」さん●

いつも非常に丁寧で親切なハチさんとの出会いは、かなりのインパクトがあった。ハンドルネームの由来は、会場内での応援時にハチマキをしているからとのことである。

２０１８年秋のライブツアー「Juice=Juice LIVE GEAR 2018 ～Esperanza～」、11月21日水曜日の京都「FANJ」公演のときだったかと思われる。

この日のライブが平日開催なのは、11月18日開催予定の同会場が確保されていなかったために、振替で11月21日開催となったからである。

物販の列にならんでいたぼくのまえには古参のご年配の方がいて、ぼくのすぐうしろにいたのがこのハチさんだった。仕事柄、面識のない学生相手に気楽に話しかけることに慣れているといっても、プライベートでだれにでも話しかけたりはしない。

だが、背後のハチさんが電話で話しているのが聞こえてきて、その相手がアニメイト名古屋のスタッフだとわかったときには、話しかけずにはいられなくなった。

２０１８年11月26日開催のアニメイト名古屋での稲場愛香ファースト写真集『愛香』発売記念「ミニトーク＆握手会」のことである。

このときのアニメイト名古屋の規定によると、商品の取り置きは発売日から数日となっているのだが、イベントは彼女の写真集発売日から取り置き期間以降に開催されることになっていたので、開催日当日まで写真集を取り置いてもらえないかと、ハチさんは電話で問い合わせていたのだ。

電話がおわったあとで、ハチさんに話しかけると、取り置きしてもらえたとのこと。おかげで、後日ぼくも電話して、イベント当日まで稲場さんの写真集の取り置きをお願いできた（ちなみにこの日、ぼくのまえにならんでいた古参のご年配の方とも、のちに親しくなった）。

ハチさんは「こういう待ち時間でないと、電話できなくて」といっていたのだが、そのときのぼくは、世の会社員なら仕事中でもちょっとくらい席をはずして私用電話ぐらいできるだろうにと思っていた。

だが、かれの職業では、仕事中に電話できないことをのちに知った。ハチさんは鉄道会社の運転士だったからである。

ハチさんは仕事中、たくさんの乗客の命をあずかって、細心の注意を払いつつ、乗客輸送に尽力しているのだ。たしかに、仕事中の電話など服務規定違反で、もってのほかである。

ハチさんはとても感じのよいハロヲタで、職業のせいもあるのだろうか、時間に精確かつ誠実な方であるゆえに、かれに対して怒るような人は存在しないだろう。かれのこの時期の推しは稲場愛香さんメインだったが、ハロー！プロジェクトのメンバーさんを手広く応援しているので、なかなか多忙な方である。

にもかかわらず、かれがすごいのは、全国に遠征しながら、遠征先周辺の鉄道車両の撮影にも出かけることである。

すなわち、ハチさんのばあい、仕事と趣味の双方が鉄道関係というだけで充分に稀有な方なのだが、「鉄ちゃん」とともに、もうひとつの趣味「ハロヲタ」のほうも同時にやりとげているのが、さらにひと味ちがうところである。

そして、かれがSNSに掲載する鉄道写真はほんとうに美しい。色あいもみごとで、鉄道車両が自然に溶けこんだ風景写真のようである。かつて撮影のテクニックをレクチャーしてもらったことがあるけれど、太陽の南中高度がどうとか、かなり専門的な屋外撮影の内容で、1度聞いただけでは理解できなかった。

そんな自身のことを、かれは「ついで鉄」と説明している。ハチさんのツアー遠征は鉄道の撮影旅行も兼ねているからだ。

ちなみに、前世紀末の1999年秋にモーニング娘。オリジナルメンバー安倍なつみさん推しとしてハロヲタをはじめたハチさんもまた、おわらないオタクである。稲場さん卒業後のかれの〈現場〉はつばきファクトリーが中心となったが、ほかのハロプロメンバーの〈現場〉にも足しげく通っているようだ。


2022年春の「Juice=Juice CONCERT TOUR ～terzo～」ツアーのときのことだが、ハチさんの荷物のなかに参考書みたいな本がのぞいていた。うかがってみると、運転士には1年に2回、業務知識を確認する試験があるそうだ。しかも、なんと毎回、全問正解を目標としているとのことである。

というのも、運転士のかれは年中無休のシフト勤務であるゆえに、〈現場〉がある日はたいていが勤務日となっている。それゆえ、シフトの変更申請が問題なく受理される立場でいるためには、そうした試験での高成績を維持しなければならないのだ。

乗務する日は長時間の集中を必要とする労働にくわえ、非番や休日には各地へ遠征して、開演まえの待ち時間には仕事の試験勉強まで、ハチさんはこなしていたのである。

社会人ならば、どんなオタクであろうと、仕事とオタク活動との両立は永遠におわるこ

オタクの肖像3

とのない課題である。それをクリアしつつ、しかも数々のツアーの「全通」とローカル鉄道の「ついで鉄」までやりとげてしまうハチさんは、まちがいなくエリートオタクなのだ。

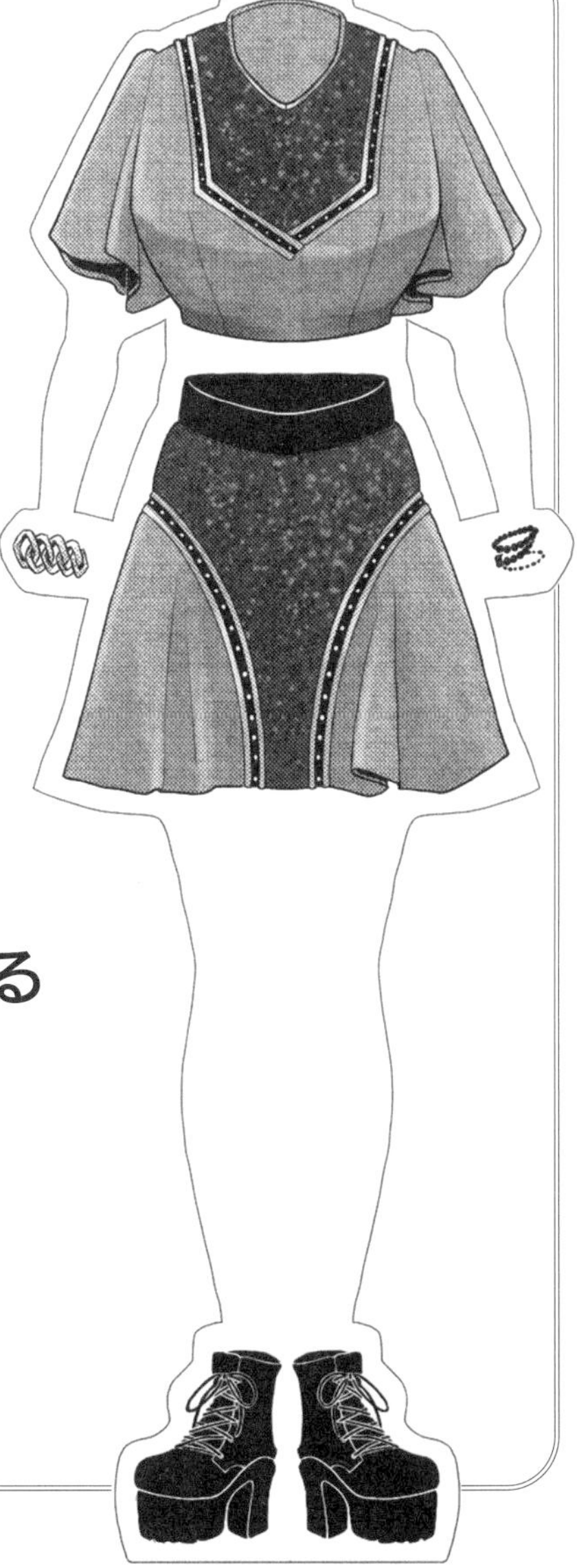

4

アイドル文化を考える

「Juice=Juice コンサート2020 ～続いていくSTORY～ 宮本佳林卒業スペシャル」の衣装

この衣装の初出は宮本佳林さんの卒業公演前半で、メンバー全員がこの衣装のうえにペイズリー柄で裏地がライトパープルのロングジャケット（イラストでは省略）を着ていた。

Juice=Juice時代後期で稲場愛香さんがもっとも多く着用したと思われるのが、この銀と黒の衣装であるのは、「Hallo! Project 2021春 花鳥風月」、「Hallo! Project 2021秋 続・花鳥風月」というふたつのツアーで使用されたからである。

両ツアーでチーム風にJuice=Juiceから参加したのは、彼女と段原瑠々さんで、このおふたりは２種のシルバーの生地を使用したこのシリーズの衣装を着用しているのだが、それぞれのデザインがまったく異なっている。

稲場さんの衣装は、完全にセパレートで、トップスの袖は黒い裏地の大きなフレアスリーブで、前後でほとんど別パーツである。ボトムスはミニスカートで、袖にあわせたかのように、両サイドがフレア構造になっているために、稲場さんがステージでパフォーマンスすると、両袖やスカートの両サイドがまるで翼のように美しくたなびいた。

とりわけ、「続・花鳥風月」チーム風の公演はかなりの回数を遠征したこともあるが、初参加のつばきファクトリー八木栞さん以外は全員が「花鳥風月」ツアーと同メンバーであったために、ハロプロダンス部メンバーもふくめて、チーム風には強い思い入れがある。

稲場愛香さんにくわえて、段原瑠々さん、アンジュルム橋迫鈴さん、つばきファクトリー八木栞さんのパフォーマンスはもちろんのこと、モーニング娘。'21加賀楓さんとアンジュルム佐々木莉佳子さんの〈ROCKエロティック〉、稲場さんとBEYOOOOONDS SeasoningS平井美葉さんの〈秋麗《あきうらら》〉や、ハロプロダンス部メンバーのダンスパフォーマンス、チーム風全員での〈ドンデンガエシ〉は何度みてもすばらしかった。

1　アイドル文化の多様性

アイドルの〈現場〉とは

２０１７年９月に稲場愛香さんが活動を再開して以降、ぼくは「現場派」になった。２０１７年11月の「ハロプロ研修生北海道 定期公演Ｖｏｌ．５」を皮切りに、少しずつ稲場さんの〈現場〉に通うようになり、同様に少しずつハロヲタの知人が増えていった。

ちなみに、けっしていわゆる「在宅オタク」が悪いというわけではない。ただ応援のスタイルがちがうだけのことである。

かつて「在宅」でパソコンのモニターやテレビの画面でしかハロプロアイドルを知らなかったぼくにとって、〈現場〉で稲場さんやほかのJuice=Juiceメンバーに逢うということは衝撃的だった。

40代後半までは〈現場〉にまったく無縁で、それまで芸能人とはテレビやパソコンのモニター越しにみるものだったからだ。

それゆえ、ぼくにとっての〈現場〉とは、眼前のステージで歌って踊っている彼女たちが実在しているのを認識する場所であり、さらには彼女たちが握手してくれて、ひとことふたことでも会話できる存在であるという現実を体験する場所だった。

そして、こうした体験が「在宅」でのオタク活動にも感覚の劇的な変化をもたらすのである。現在はアイドルを〈現場〉でみて、彼女たちと接触するのがあたりまえという方がたも、最初はそうだったのではないだろうか。

この感覚を、現在は中野ブロードウェイで雑貨店を経営する「イトウ」氏がじつに的確に語ってくれている（岡田康宏『アイドルのいる暮らし』ポット出版、2013年収録インタビュー）。

アイドルって、本人を知ると曲が変わるんだよね。それがアイドルポップスの一番の醍醐味だと思っていて。楽曲とか、家で曲だけ聴いて、「いい曲！」とか、そういう聴き方もあるし、俺も中学のときまではそうだったんだけど、本人を知って、握手にいって、その人が自分のことを覚えているとか、自分がその人を生で見て握手したことがあるとかって思うと、曲ってめちゃめちゃ良くなるのよ。で、曲がめちゃめちゃ好きになって、そのあとそれを歌ってるその子に会うと、さらにその子がかわいく見えるようになって。相乗効果でどんどん良くなるし、かわいくなる。アイドルポップスは、その上昇の仕方が無限だから。その半端無さがほかのジャンルと違うところだと思ってて。［……］。楽曲だけを聴いている人がどれだけいいいって言ってても、本人を知っていて、本人に知られていて、会場に行って目があったらニコッと笑ってもらえる、そういう人が家で聴くと、在宅の人よりも遥かによく聴こえると俺は思っているの。

2012年9月13日収録のインタビューゆえに10年ほどまえのものだが、発言の適確さはまったく色あせていない。

けっして「在宅」での「推し活」を卑下しているのではなく、〈現場〉でアイドルと逢った経験が「在宅」での活動をさらに豊潤にしてくれるということだ。

また、アイドルと直接に逢うことで、その楽曲のよさが激的に上昇するのが感じられるゆえに、アイドルポップスがほかとは音楽のジャンルが異なるというのは、感覚的だが非常に鋭敏な分析である。

ぼく自身もそうだった。パソコンのモニターでミュージックビデオをみても、ときおり出演するテレビ番組をみても、毎週のラジオ番組を聴いても、特別な感覚がわきあがってくるのだ。Juice=Juiceのライブで生歌を聴いたという体験が、稲場愛香さんのダンスパフォーマンスを生でみたという体験が、彼女たちと逢ってわずかでも会話したという体験が、自分のなかで稲場さんとほかのメンバーさんたちをもっと特別な存在にして、さらにもっと好きな対象へとかえていくのである。

それゆえ、コロナ禍でリリースイベントが中止されて、〈ハロー！プロジェクトでは2023年春の時点では）握手会そのものがなくなってしまったのは、非常に残念だった。

毎回、稲場さんと握手して、ひとこと話すだけの高速回転の握手会だったが、おなじくほかのメンバーさん全員とわずかに会話できるのは、非常に貴重な機会だった。

Juice=Juiceのほかのメンバーさんとも握手したり話したという体験が、このグループ全体への関心を高めてくれる。

すると、稲場愛香さんはもちろん、ほかのメンバーさんのことももっと好きになっていく。

いわば、あまりの感動ゆえに「この日はもう握手した手を洗いたくない」という極端な感情が、メンバーさん全員とJuice=Juiceというグループへの想いとして結晶化していくという化学反応をひきおこすのである。

そうして、彼女たちのインタビューやグラビアが掲載された雑誌、ラジオやテレビの番組のエアチェックにも、余念がなくなっていくのだ。

したがって、リリースイベントの握手会でメンバー全員と握手するということは、自分の推しのみではなく、グループのメンバー全員をもっと好きにさせてくれる体験である。

もちろん、「推し活」そのものは多様であってしかるべきで、〈現場〉での体験だけがすべてというつもりはない。だれもがそれぞれのモチベーションとスタイルで応援しているはずだからである。

しかしながら、ぼくのように40代後半でアイドルの〈現場〉に通うようになった人間にとっては、これまでの人生経験が積みあげてきた価値観を根底からくつがえしてしまったのが、ハロー！プロジェクトの〈現場〉であったとはいっておきたい。

アイドルを定義する

およそアイドル関連の歴史に関する書籍で、ハロー！プロジェクトに言及しないものはほぼ存在しない。

たとえば、若杉実氏『Jダンス　J-POPはなぜ歌からダンスにシフトしたのか』（星海社新書、2021年）によると、いわゆる「ヲタ芸」（アイドルオタクの芸の略、ライブなどの現場でファンがアイドルに捧げる応援の芸）に関しても、ハロー！プロジェクト、とりわけモーニング娘。第6期メンバーで5代目リーダーだった藤本美貴さんのソロ楽曲〈ロマンティック浮かれモード〉によって着目されるようになったとのことである。

また、歌唱とダンスの高度なスキルを必要とする現在のアイドルシーンの原型も、ハロー！プロジェクトが牽引したとされている。

2007年に第5期メンバーの高橋愛さんが6代目リーダーに、おなじく第5期メンバー新《にい》垣《がき》里《り》沙《さ》さんがサブリーダーに就任した当時のモーニング娘。は、現在では「プラチナ期」と呼ばれているが、それはパフォーマンススキルが卓越したレベルであったからでもある。

再評価が進む「プラチナ期」こそは、現在「日本一のプロアイドル集団」と呼ばれるハロー！

プロジェクトの基礎をつくったともいわれている（竹中夏海『アイドル保健体育』シィーディージャーナル、2021年）。

とはいえ、アイドルそのものの厳密な定義が困難であるのは、すでに1989年に出版された林明美氏（著）、真鍋公彦氏（画）『C調アイドル大語解　アイドル用語の基礎知識〈平成版〉』（JICC出版局）でも語られているのだが、近年はアイドルを意欲的に定義しようとする動きもないわけではない。

白川司氏の『14歳からのアイドル論』（青林堂、2022年）は、日本の女性アイドルの概念について、ひとつの明確な定義を提示している。

すなわち、日本におけるアイドルとは、「完成度の高い芸を見せる」とか「完璧なルックスで魅了する」のではなく、「未熟ではあるが、一生懸命さを応援してもらう」存在であり、「多くの人に好ましいと感じられる未成熟さがあり、未完成ゆえにたくさんの人たちに応援してもらうタレントのこと」と定義している。

それゆえ、アイドルの仕事とは、「プロとして未熟であること」、いわば「未成熟のプロであること」であって、日本のアイドルは独特の存在だと結論する。

この著作で興味深いのは、韓国のガールズグループと日本のアイドルとの比較分析である。

たとえば、韓国では完成度が重んじられるために、日本のアイドルはパフォーマンス面では韓国に勝てないと評している。韓国では「アイドルグループ」と呼ばずに「ガールズグループ」と呼ぶのは、日本のアイドルの概念がふくまれていないことを示唆しているからだとする。

さらに、韓国のガールズグループには厳格なオーディションと訓練期間があるのは、デビュー以前に歌やダンスで完成度を高めておかないと、人気が出ないという理由をあげている。したがって、世界市場を考慮すると、韓国のほうが有利であって、日本のアイドルは不利ではあるものの、日本には日本の大きな強みがあると結んでいる。

ちなみに、白川氏にかぎらず、韓国の「アイドル」たちが一般的に、日本のアイドルよりも実力派としてみなされるのは通例であるようだ。

だが、ハロヲタとしての著者はべつの意見も紹介したい。

というのも、現在のハロー！プロジェクトは歌もダンスもすぐれた実力派アイドルグループだと認識されており、それゆえに「尊い」のであって、彼女たちを推すことが誇らしいからである。

「花鳥風月」、「続・花鳥風月」のツアーでは、稲場愛香さんが所属する「チーム風」の公演に参戦するために、日本全国へかなりの回数を遠征した。とりわけ稲場さん、モーニング娘。'21石田亜佑美さん、加賀楓さん、アンジュルム佐々木莉佳子さん、つばきファクトリー秋山眞緒さん、BEYOOOOONDS SeasoningS平井美葉《みよ》さんのハロプロダンス部のパフォーマンスがお気に入りだったが、彼女たちのダンスが、いわゆる韓国ガールズグループに見劣りするとは思えない。

もっといえば、「チーム風」のほかのメンバーさんや、さらには「花」、「鳥」、「月」のメンバーさんがダンススキルで劣っているとも、とうてい考えられないのだ。

ここで注目したいのが、竹中夏海『IDOL DANCE!!! 歌って踊るカワイイ女の子がいる限り、世界は美しい』（ポット出版、2012年）である。

およそ10年まえにこの著作を上梓した竹中氏は振付師で、2012年までに彼女がふりつけを多く担当したアイドルグループは、ぱすぽ☆（2013年PASSPO☆に改称、2018年9月解散）、predia（2022年6月解散）、そしてハロー！プロジェクトメンバーとおなじアップフロント系列の「事務所」に所属するアップアップガールズ(仮)である。

着目すべきは、アイドルという存在に疑問をもつゆえに実像として生きるグループと、アイドルが生活の一部となっているグループなど、アイドルグループの多様性を認めたいとする考えを示す結論部分である。

竹中氏によると、アップアップガールズ(仮)は「アイドルがごく自然に生活の一部となっている子達」で、メンバーさんのほとんどが幼少時からハロプロエッグ（ハロプロ研修生の前身）として鍛錬し、先輩グループの背中を見ながら活動してきたと語っている。

彼女たちは「研修課程を修了」という名のほぼ強制的な卒業に直面してきたために、ふたたびステージに立てることに感謝する思いはそれぞれ強く、ひとつひとつのステージを大切にしていることが竹中氏にも伝わるのであって、「グループが出来る経緯は違うにしても、アップフロント（ハロプロ）に所属するメンバー全般に共通して感じられる」という。

この点で重要なのは、竹中夏海氏がアップアップガールズ㈷やハロプロメンバーを韓国のグループと比較している箇所である。

経験の浅いうちから何度もステージに立つことで、意識やパフォーマンスレベルは高められていきます。K-POPグループが数年のレッスン期間を経てから表舞台に立つという方式に対し、育つ過程も見せていくというやり方の違いなだけで、どちらも鍛錬に費やす時間は長く、結果的な実力はほぼ同等といえます。これらの特徴は近年のアイドルブームとは一線を画した、いわばアイドルの老舗ともいわれるアップフロント特有の文化ではないかと思います。

韓国のグループ（とその運営）とハロー！プロジェクトが所属する事務所アップフロントプロモーションとは、「やり方の違い」だけであって、鍛錬に費やす時間や実力は「ほぼ同等」だと、竹中氏は評価している。こうした考えかたのほうがハロヲタも納得するのではないだろうか。

そもそも、ハロー！プロジェクトのフラッグシップ的グループのモーニング娘。こそ、1990年代後半を代表するテレビ東京系バラエティ番組『ASAYAN』で、初期メンバーさんたちの「育つ過程」をリアリティショーとしてみせてきたことに帰結するのである。

これらの議論とはべつに、日本のアイドル全体にユニークな定義づけをしているのが、『すべてのJ-POPはパクリである　現代ポップス論考』（扶桑社文庫、2018年）のマキタスポーツ氏である。

氏によれば、そもそも、日本のアイドルは「卒業」していく存在だと定義している。

2010年代に入り、多人数グループが女性アイドルシーンのスタンダードになったために、いわば「グループ内イベントとしての卒業」という形式がルーティン化したという指摘があるが（香月孝史『乃木坂46のドラマトゥルギー　演じる身体／フィクション／静かな成熟』青弓社、2020年）、マキタスポーツ氏はこの「卒業」をアイドルの定義に取りこんでいる。

少女たちが歌と踊りを覚えてアイドルになったのちは、ある一定の年齢や人気に達したところで、演技やバラエティ番組でのスキルを習得して、女優やタレントになって「アイドルを卒業」していくのがアイドルという存在である。

それゆえ、マキタスポーツ氏はアイドルを「終わりを愛でる芸能」と定義している。

これは日本人のメンタリティによるもので、「もろく、はかないもの」に心をうばわれたり、「終わってしまうことの一回性」をほかの国民よりも愛でる力をもっているからだと、日本人の精神文化を論拠にしている。

そして、アイドルの「成長物語」の最良の「この瞬間」をみたいという感情、「この状態はやがて終わりがあるからこそ、今、見ておかなくちゃいけない」という感情を発露しやすいのがアイドルであるとしている。

アイドルを、かならずおとずれる「卒業」と関連させて、日本人の文化的背景とともに定義しているのだが、付言すれば、「アイドルの卒業」という観点にもとづくと、アイドルはデビューした瞬間に「卒業」へむかって活動しており、オタクたちは最終的にそのアイドルの卒業公演をみるために応援しているということになるだろう。

ちなみに、「アイドル戦国時代」に生まれたアイドルたちが現在はどうしているのだろうかという問題を正面から論じているのが、『アイドル、やめました。ＡＫＢ48のセカンドキャリア』（宝島社、２０１９年）である。

著者の大木亜希子さんはＳＤＮ48の第2期生だったが、現在はフリーランスライターである。

この書籍は「元アイドル」の大木さんが卒業後のアイドルのセカンドキャリアについて記したドキュメンタリーである。アイドルを卒業した彼女たちにとって、ときとして「元アイドル」

という肩書きは、「十字架」のごとく呪縛になってしまうようだ。

大量のアイドルが生まれるということは同時に、同数の「元アイドル」を生みだすという結果をともなうことについて考えさせられる。

アイドルを卒業した彼女たちがその後の人生を歩みだすために、試行錯誤をくり返し、新しい夢を自分で獲得して、奮闘している姿を記録しているのが、この労作である。

48グループの「元アイドル」として登場する彼女たちの現在の職業は、クリエイター、ラジオ局社員、アパレル販売員、保育士、広告代理店社員、声優、振付師、バーテンダーと多種多様である。

ふつうに考えれば、たいていのアイドルは卒業後の人生のほうが長いのだ。１９８０年代からずっと現役アイドルでいられる松田聖子さんのような存在が稀有なのである。

これだけたくさんのアイドルグループが生まれては活動終了をくり返しているのだから、仕事やプライベートで知りあう方が「元アイドル」ということがそれほどめずらしくないという時代なのだろう。

とはいえ、その一方で、アイドルの卒業、さらには結婚をめぐって、ファンのほうは心おだやかではないばあいも多いようだ。

たとえば、モーニング娘。元メンバー後藤真希さんのエッセイ『今の私』（小学館、２０１８年）

には、彼女のアイドル時代やプライベートがかなり赤裸々に書かれていて、結婚のことについても詳細である。

２０１１年12月の幕張メッセでの「G-Emotion FINAL ～ for you ～」公演を最後に休養していた後藤さんはオンラインゲームやバーベキューなどでファンと交流していたが、結婚直後のバーベキューで夫を披露したエピソードが紹介されている。

しばらくは音信不通になってしまった方がいたほか、「今から××の山に行ってきます。僕のことは探さないでください」という不穏なメッセージを送ってきたファンがいて、「デビュー当時からの長い間ファンでいてくれた彼は、よほどショックだったのだろう。／〈やっぱり死にきれませんでした〉／と、帰ってきたときには、安心して力が抜けてしまった」とのことである。

2 アイドルをめぐる環境の変化

アイドルの結婚と現実

アイドルに関する問題にもう少し言及してみよう。

この数年で、アイドルという「職業」やその「労働環境」をめぐる日本社会の認識は変化してきた。それはJuice=Juiceを中心にハロー！プロジェクトしかほぼアイドルを知らない著者にとっても、少しずつ感じられるようになった。

たとえば、新潟の3人組ローカルアイドルNegiccoのリーダーNao☆さん（当時31歳）が2019年4月に結婚発表後もアイドルとして活動を継続し、2020年6月にMeguさんが結婚、現在は1児の母であり、2021年1月にはメンバーのKaedeさんが結婚して、全メンバーが既婚者となっている。

8人組アイドルグループでんぱ組inc.のセンター古川美鈴《ふるかわみりん》さんは2019年11月に結婚、2021年7月に出産したのちも現役アイドルとして活動している。

1995年に4人組ダンスボーカルグループとしてデビューしたMAXは、複数メンバーの結婚、出産を経たのちも、メンバー全員が40代でいまもなお現役で活動中である。

20世紀であれば、彼女たちは（女性）アイドルのタブーとされただろう結婚、出産を経験しながら、しかも30代になっても現役でアイドルとして活動している事例である。

「アイドル戦国時代」ということばが2010年前後から使用されてきたが、現在のようなアイドル文化が定着してくるにしたがって、アイドルをめぐる状況もまた、かわってきたのだ。

アイドルに関して、かつて80年代後半には、以下のような分析があった。

アイドルとしての成功は、そのキャラクターにかかっており、楽曲の音楽性と歌詞、パフォーマンスはそのキャラクターを提示する手段であった。とはいえ、アイドルのそれは、2次元の世界のものとは異なり、「かけがえのない個」であり、「生きたキャラクター」である。

一方で、アイドルの労働とは、歌唱というパフォーマンスをつうじてキャラクターを提示するという、非常に特異な労働をいうのであって、アイドルとは「生ける・キャラクター・商品」なのである（小川博司『音楽する社会』勁草書房、1988年）。

アイドルもまた、「タレント」という所属事務所の商品であり、それも特殊な部類に属するタレントであるという考えかたであって、現在も一般的に通用している。

だが近年、着目されているのは、アイドルである彼女たちが「生きている」、生身の女性であるという現実問題のことなのだ。

90年代のいわゆる「アイドル冬の時代」を経由して、21世紀のゼロ年代後半以降、これまでになかったほどグループアイドルが誕生した結果、「アイドル戦国時代」ということばが使われるようになった。

岡島紳士、岡田康宏『グループアイドル進化論』（マイコミ新書、2011年）によると、「アイドル戦国時代」という用語がアイドル自身から最初に公的に発せられたのは、2010年4月に当時はC.C.Lemonホールと呼ばれていた渋谷公会堂で開催された「真野恵里菜／スマイレージ／スペシャルジョイント２０１０春〜感謝満開！真野恵里菜2周年突入&スマイレージメジャーデビューへ桜咲け！ライブ〜」である。

スマイレージのメジャーデビュー発表を受けて、メンバーの福田花音《かのん》さんが「アイドル戦国時代といわれてますが、先頭を突っ走っていけるようにがんばります！」と宣言したのが最初とされている。

さらに、２０１０年5月に放送されたＮＨＫの音楽番組『ＭＵＳＩＣ ＪＡＰＡＮ』でのアイドル特集でも使用されている。PerfumeがＭＣを担当し、ＡＫＢ48、モーニング娘。、アイドリング!!!、ももいろクローバー、東京女子流、スマイレージ、バニラビーンズの7グループが出演したことで、「アイドル戦国時代」といういわばアイドルの群雄割拠状態をメディアに印象づけることになった。

これらの象徴的なアイドルシーンに、ハロー！プロジェクトが大きく関連しているのは、アイドルブランド老舗としての貫禄を感じさせる。

だが、その一方で、「アイドル戦国時代」の10年が経過して、アイドル文化が定着したと考えられる令和の時代は、もはや男性優位とされたかつての社会のままではありえない。

女性や性的マイノリティの人権を尊重し、多様性《ダイバーシティ》の価値をみとめる時代である。

正確な総数の把握が困難とされるものの、いわゆる地下アイドルもふくめると、相当な人数が存在するだろう女性アイドルという「職業」やその「職場環境」にも変革がもとめられており、それはハロー！プロジェクトに関しても無関係というわけではなさそうだ。

発信するアイドル

こうした時代状況のもとで、女性アイドルにおけるルッキズム（人間を外見のみで評価、差別すること）などに関するジェンダーの問題を発信しているのが、和田彩花《あやか》さんである。

２０１０年に和田さんは15歳でスマイレージメンバーかつ初代リーダーとしてメジャーデビューし、ハロー！プロジェクト６代目リーダーをつとめ、２０１９年６月18日に卒業した。

現在はソロで芸能活動を継続しながら、彼女がアイドル現役時代に感じ考えたことを起点にして、アイドルをめぐるフェミニズム問題について発信している。

たとえば、和田彩花さんが鈴木みのり氏とともに特集編集者として名をつらねている『エトセトラ』ＶＯＬ.８（エトセトラブックス、２０２２年）は、アイドルとフェミニズムの関係を正面から論及した雑誌である。

その特集で公表しているのは、「アイドルの未来のためのアンケート」の結果である。

このアンケートは、現役でアイドル活動をしている（あるいは活動経験のある）人、アイドルと現在仕事をしている（過去にしていた）人、アイドルを応援したことのあるすべての人を対象になされたもので、回答数は１４０８件である。

質問が「アイドルを応援したことのあるすべての人」にも用意されているのは、アイドルをめぐる問題を考えるばあい、「アイドルの応援」をあえて強いことばで「消費」と述べて、アイドルを「消費」してきたファンにも問うことがフェアだと考えているからである。

理由もふくめて記述するという選択肢が多い回答様式であるために、かなり踏みこんだ内容となっている。

「恋愛禁止に賛成ですか？」、「メンバー、スタッフ、ファンに言われて嫌な経験をしたことはありますか？」などの項目までふくまれていて、アイドルという職業の実態やアイドルたち自身の考えも具体的に引きだそうとしている。

回答の一部を紹介すると、「どんなに働いてステージに立って物販を売っても固定で80000円（家賃や交通費の保証なし）、お金がなくて病院に行けない」という活動中の悩みのほか、「ライブアイドルという経験自体は糧になり、楽しいことも沢山ありましたが、この労働環境や精神的環境がもっと透明化され、お互いにわかり合って、そして運営する方々は所属するアイドルの事をもっと大切に、ひとりの人間の人生に関わっていることを自覚するべきだと思っています」という訴えが自由記述で明らかにされている。

『朝日新聞』2022年4月18日付の朝刊記事では、みずからのセクシャリティも明らかにしている和田彩花さんは、日本でのアイドルへむけられる視線の将来についての回答で、インタビューを結んでいる。

［……］、その子の個性を大切にしてほしい。アイドルには「できて当たり前」のことがたくさんあって、ひとつできないことがあると、すぐに劣等生みたいに見られてしまう。だけど、それができないことも個性で、できないところから見えてくることもある。すべてを含めて、この人間としてのこういうところがすばらしいよねと言えるといいですね。

［……］。少しずつ受け取る側のバランスが変われば、意見は増えてきて、様々な選択が認められるようになると思いますね。

和田彩花さんはこれまであいまいにされてきたり、あるいはあえて触れられてこなかった「アイドルという職業」をめぐる問題群を可視化し、これまでのそうした社会に対する「気づき」をもたらそうとしている。

昭和生まれで十代の時期に80年代アイドルをみて育ってきた中年男性である著者は、「消費対象としてのアイドル」と、そのありかたに長らくなじんできたために、おそらく彼女にとっては、その意見に対してもっとも理解が少ないと考えられがちな世代の男性だと思われる。とはいえ個人的には、彼女が発信するようなフェミニズムの視点に対して、知ることを放棄しようとは考えていない。それどころか、これからもっと注意深く学んでいかなければならないものだと自覚している。

少なくとも、ぼくたちが応援するアイドルたちが、精神的にも身体的にも健康なアイドルとして楽しく活動してほしいと願うからであり、その気もちはファンのだれもが共有しているはずのものだろうから。

こうした和田彩花さんとは異なる視点で、アイドルの健康問題について警鐘を鳴らしているのが、前述の竹中夏海氏である。

その著『アイドル保健体育』（シィーディィージャーナル、2021年）は、これまで着目されてこなかったアイドルの身体づくりや健康問題に言及している（同書には、和田彩花さんと所属事務所YU-Mエンターテインメント社長山田昌治氏による「アイドルの健康問題」に関するインタビューも収録されている）。

この著書収録のスポーツトレーナーとしても名高い整体師の方のインタビューでは、シーズン中のプロスポーツ選手よりもアイドルのほうがトータル運動量でまさっており、同様に肉体の疲労度が高いと指摘されている。

スポーツ選手のばあい、運動後のクールダウンは必須であるが、ライブ後のアイドルはクールダウンしないいまま、特典会に参加することも多いという現状である。そうした状態がつづくと、疲労の蓄積によって、筋肉の状態が低下し、関節に炎症をおこしたり、ヘルニアにまで悪化する可能性もあるという。

こうしたことはわずかな一例にすぎないが、アイドルの身体の健康についての認識も、今後はもっと深められていかなければならないはずである。

アイドルを愛するわれわれもまた、知るべきことを知っていく必要があるということなのだ。

そして同様のことは、アイドルの〈現場〉についてもいえそうである。

たとえば、「推しジャン」（自分の推しのソロパートやMCなどで垂直に高くジャンプしてアピールする行為）という応援文化である。

これがハロー！プロジェクトに長らく根づいていたのは、かつては個別の握手会がなかったために、自分が推しであることを伝える機会がなかったからだといわれている（竹中夏海『アイドル＝ヒロイン　歌って踊る戦う女の子がいる限り、世界は美しい』ポット出版、２０１５年）。

たしかにコロナ禍以前、ぼくが〈現場〉に通うようになった時期には、「推しジャン」をときどきみかけることがあった。

しかし、２０１９年10月24日に「事務所」が発表した「コンサート・イベント中の禁止行為に関して」は、周辺の観客の視界妨害、接触、これに付随するトラブル、本人や周辺の観客の負傷、設備の破損をふせぐためという理由で、２０２０年１月２日以降のジャンプ行為を禁止した。

２０２０年初頭からコロナ禍が進行したために、観覧マナーそのものが一新されて、着席での観覧が規定化されたこともあるが、「推しジャンプ」を〈現場〉でみかけることはなくなった。

２０２３年3月10日に発表された「主催公演規制緩和に関するご案内」でも「ジャンプ行為は禁止となります」とあるために、「事務所」の禁止事項を無視して、〈現場〉で高くジャンプするハロヲタはもはやいないのではないだろうか。

われわれハロヲタもまた、自分たちの認識や努力で応援スタイルや観覧マナーの改善に協力できるということである。

おなじく今後、ハロー！プロジェクトの〈現場〉での観覧ルールが更新されたとしても、それを受け入れて、以前よりもすばらしい〈現場〉をつくっていけるはずなのだ。

自分の推しであるメンバーさんたちに気もちよくパフォーマンスしてほしいと望むのは、アイドルオタクにとって自然なことなのだから。

アイドルが楽しくパフォーマンスできる一方で、それをファンも楽しく応援できるという〈現場〉へと、ファンどうしがおたがいに気づかいあって、アイドルとファンの双方にとってもっと快適な〈現場〉へとかえていけることを信じたい。

オタクの肖像4

●「かおり」さん●

かおりさんは、親しい知人を介して、比較的最近に知りあった女性のハロヲタである。しかしながら、彼女の仕事内容を聞くと、ハロヲタならばたいていは驚き、うらやむことだろう。かおりさんは、ハロプロメンバーに仕事で会う機会があるライターで、メンバーさんたちの記事を執筆していらっしゃるのだから。つまり、マスコミ業界に属する人である。『日経ウーマン』2021年5月号（日経BP）掲載の、モーニング娘。元メンバー中澤裕子さんご自身から「広報部長」と呼ばれている中澤さんオタクの方の記事を書いたのがかおりさんだった。

かつて長らく、彼女はDA PUMPの後輩グループとされる男性ダンス・ボーカルユニットw-inds.のオタクで、緒方龍一さん推しであった。ちなみに、現在もグループ活動を継続しているメンバーの橘慶太さんは、ハロー！プロジェクト元メンバー松浦亜弥さんのだんなさまである。

2002年から13年間ほどw-inds.を応援していた彼女だが、2015年に突然、モーニング娘。'15の佐藤優樹さんにハマってしまった。さらに工藤遥さんとのコンビ「まーどぅー」を知って、完全に「沼落ち」した。そこから彼女のハロヲタ人生がはじまったのである。

ところが一方で、2020年5月31日に緒方龍一さんが突然に即日脱退したことが発表されると、かおりさんはw-inds.からも緒方さんからも〈他界〉した。

というのも、彼女はw-inds.メンバーの緒方龍一さんが好きだったからである。予想もしていなかった突然の脱退に心が追いつかず、ふたりのw-inds.も、ソロになった緒方龍一さんのどちらをみるのも辛くなって、双方に積極的な興味が薄れてしまったのだ。

ハロヲタ界隈でも、この問題はおなじみのテーマだと思われる。一般的に、アイドルオタクがおそらくもっとも恐れるメンバー卒業後の進路とは、芸能界引退ということになるはずだ。それゆえ、元メンバーさんが卒業後にソロ活動を開始してくれることには大賛成だが、グループのメンバーとして活動してくれていたときのほうがやはり好きであるというのは、致しかたないのかもしれない。

ハロヲタとしてのかおりさんの推しは前述のとおり、モーニング娘。'15の佐藤優樹さん、そして「まーどぅー」だった。２０１７年12月11日の卒業公演で工藤遥さんが卒業し、表舞台で「まーどぅー」コンビをみることができなくなった喪失感がしばらく癒えなかったかおりさんだが、その後はファンクラブのエグゼクティブ会員となって、全国を駆けめぐり、数年間は佐藤さん単推しをつづけた。しかし、２０２１年３月下旬に佐藤さんが活動休止。そして、２０２１年12月13日の卒業公演をもって、彼女は卒業してしまった。

その一方で、ブログサイトを運営しているかおりさんは、近年のいくつかの記事にわたって、「Hallo! Project ２０２１春 花鳥風月」のチーム風について非常に詳細に、きわめて熱心に語っている。

なぜチーム風かというと、彼女にとって、佐藤優樹さんは不動の「一推し」であるものの、佐藤さん以外の各グループのお気に入りメンバーがみな集結していたからである。もともと推していたw-inds.の緒方龍一さんがダンスパフォーマンスメインのメンバーであったこともあり、ハロー！プロジェクトに関しても、同様にダンススキルの高いメンバーさんを推していて、それが集まったのがチーム風ということなのだ。

なんといっても、チーム風には、ダンス専門テレビ局であるダンスチャンネルの『ハロプロダンス学園』出演メンバー全員が参加していた。すなわち、石田亜佑美さん、加賀楓さん、佐々木莉佳子さん、稲場愛香さん、秋山眞緒さん、平井美葉さんの6人である。彼女たちは「Hallo! Project 2021秋 続・花鳥風月」でもチーム風で共演している。

佐藤優樹さんが卒業したのちの彼女は、上記の『ハロプロダンス学園』出演メンバーを応援しつつ、その一方でJuice=Juiceの松永里愛さん、つばきファクトリーの豫風瑠乃《よふうるの》さんに心を奪われるなど、「一推し」がなかなか定まることはなかった。仕事でメンバーさんに会う機会があるというのも、心にブレーキをかけているようだ。

しかし、佐藤さんが2023年3月29日にソロデビューすることが発表されて以来、「一推しがいる世界の輝き」をとりもどして、日々エネルギーにみちあふれている。もちろん、そのあいだに好きになったハロプロメンバーを応援するべく、さまざまなグループの〈現場〉にも通いつめている。

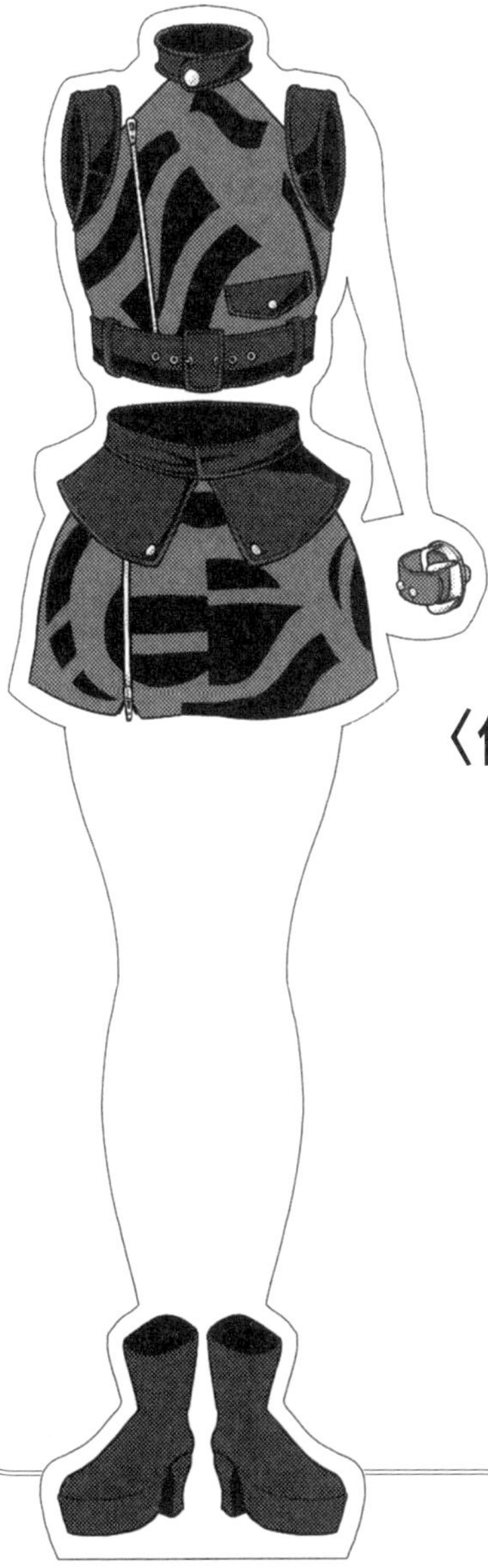

5

〈他界〉どころか、〈推し増し〉

【番外編】「アンジュルム concert tour angel and smile」、「アンジュルム concert 2022 autumn final ANGEL SMILE」の橋迫鈴さんの衣装

この衣装は、2022年秋ツアーおよび千秋楽の日本武道館公演の前半や「Hello! Project Year-End Party 2022 ～GOOD BYE & HELLO！～」で橋迫鈴さんが着用したものだが、いかにもアンジュルムらしいスタイリッシュなデザインである。

直線と曲線の多用によって形成された赤と黒の模様パターンが美しく、トップスの右胸からボトムス右足部分までジッパーが長く伸びているのが特徴的な統一デザインである。しかも、メンバーさんごとに衣装デザインが大きく異なっているために、それぞれ多種多様なシルエットになっているのがすばらしい。

橋迫鈴さんの衣装は、ノースリーブのトップスとショートパンツのボトムスに、ショートブーツというコーディネイトで、元気で活発なイメージの彼女に似つかわしい。

トップス肩部分が背中までカットされているほか、ネック、袖口、左胸ポケット、ベルトがあしらわれた土台部分とボトムスのウエスト部分に、ブラックレザーが使用されており、金属製ボタンも各所に配置されている。

すなわち、このシリーズの衣装にはジッパー、ベルト、金属製ボタン、ブラックレザーといった80年代パンクファッションの意匠が大胆に取り入れられていて、ハロプロアイドルのステージ衣装としてはかなり過激なはずだが、アンジュルムというグループだからこそ、違和感なく着こなせるということなのだ。

この衣装の橋迫鈴さんの「アンジュルム concert 2022 autumn final ANGEL SMILE ソロアクリルスタンドキーホルダーA」を購入したほど、お気に入りの衣装である。

1 「単推し」の宿命

Juice=Juiceに稲場愛香さんが所属していた時期、ハロー！プロジェクトのなかでもっとも好きなグループがJuice=Juiceだったのは、ほんとうのことである。

しかしながら、彼女の卒業が発表されてからは、２０２２年５月30日開催予定だった稲場愛香さんの日本武道館での卒業公演が終了すれば、あれほど大好きだったJuice=Juiceからついに〈他界〉するときがやってきたと、真剣に思っていた。

Juice=Juice Familyの方がたにはたいへん申し訳ないのだが、ぼくにとっては彼女が所属していてこそのJuice=Juiceなのだ。彼女がいるからこそ、ほかのメンバーさんのことも大好きだったのだ。

かつて稲場愛香さん卒業後のカントリー・ガールズを応援できなかったぼくに、彼女が卒業したあとのJuice=Juiceを応援できるだろうか。

ところが、「ファンクラブも退会する」とまで、周囲にもらしていたにもかかわらず、彼女の卒業後も、息たえだえでハロヲタをつづけていた。かつてのように頻繁には遠征しないものの、ハロー！プロジェクトの〈現場〉に少しだけ足を運んでいた。その理由は、ふたりのメンバーさんのせいである。

2　アンジュルム 橋迫鈴《はしさこりん》さんのこと

ハロー！プロジェクトの全グループを６チームにシャッフル、分割して、２０２０年１月から２月まで開催されたツアー「STEP BY STEP」、４ユニット構成の同年３月から５月末までの「花鳥風月」、２ユニット分割の２０２１年１月から２月までの「LOVE & PIECE」、ふたたび４ユニット構成となった同年９月から12月までの「続・花鳥風月」という一連のツアーでは、ぼくは稲場愛香さんが入っているユニットの公演だけを観覧した。

だが、この４つのツアーでずっと彼女とおなじユニットで共演していたメンバーさんがいたのをご存じだろうか。

それがアンジュルムの橋迫鈴さんである。

さらにいえば、２０２０年12月２日に日本武道館で開催された「Hello! Project 2020 ～The Ballad～Special Number」でも、橋迫さんはユニット⑤で稲場さんと共演している。

ぼくはほとんどJuice=Juiceのツアーやイベントしか入らないために、たいていは従来の「ハロコン」や「ひなフェス」などでしか、ほかのグループのパフォーマンスを眼にすることはなかった。しかも、アンジュルムはカントリー・ガールズメンバーの船木結さんが兼任していたため、彼女以外のメンバーさんに着目することもほぼなかったのである。

したがって、ぼくが橋迫鈴さんのことが気になりはじめたのは、2020年12月9日の船木結さんの卒業以降のことだが、コロナ禍での公演形式の変更も大きく影響したはずである。

前述のとおり、最初の緊急事態宣言以降、ハロー！プロジェクトは全グループをいくつかのユニットに分割して、ひとりずつJ-POPの名曲バラードを歌ったり、のちにはそれぞれのグループの楽曲を分割されたユニット全員でパフォーマンスするという公演になったからである。

こうした公演様式が、ぼくのようにJuice=Juice稲場愛香さんとカントリー・ガールズしか眼に入らないといった「単推し」のハロヲタに対して、他グループのメンバーさんに関心をもってもらおうとする「事務所」の意図もあったとすれば、ぼくはみごとにその思うつぼにはまったといえよう。

それ以前であれば、あまり眼にすることのなかった他グループのメンバーさんの歌唱やダンスに眼を開くようになったのだ。

しかも、橋迫鈴さんのばあい、ツアー4連続で稲場愛香さんと共演していたために、ほかのハロプロメンバーのだれよりも眼にしていたのである（そして、稲場さんの卒業が本人の口から伝えられた２０２２年3月23日公開のYouTube配信番組『ハロ！ステ』＃４１９のＭＣは、植村あかりさんと橋迫鈴さんだった）。

心理学に「単純接触効果」という原理があって、最初は興味がなかったものでも、何度も見たり聞いたりしているうちに、しだいに好きになっていくという心理的効果をいう。もともとは稲場さんのときもそうだったし、今回の橋迫さんのときも同様の要因だと思われる。

つばきファクトリーのなかでは、八木栞さんが好きなのは、全国に遠征した２０２１年秋「続・花鳥風月」公演チーム風で彼女の歌を聴きつづけたからだろう。

彼女はツアー初参加ゆえにすべての楽曲をパフォーマンスすることはなかったが、八木栞さんが金澤朋子さんのソロ楽曲〈黄色い線の内側で並んでお待ちください〉をひとりで堂々と歌いあげるのに、何度も感動したからでもある。

通りすがりでにわかのぼくなどが言及するのはとてもおこがましいのだけれど、稲場さんと共演した約1年半という期間のなかで、橋迫さんはハロプロアイドルとしてどんどん成長していった。

たとえば「STEP BY STEP」公演のときには、橋迫さんはあまりにも緊張していたのだろうか、表情やダンスがやや硬めという印象だった。当時のハロー！プロジェクトではもっとも若い年齢層に属していたし、アンジュルムのみならず、他グループの先輩メンバーさんといっしょにパフォーマンスするのは、人見知りの彼女にとってはおそらくなかなかたいへんではなかっただろうか。

だが、「続・花鳥風月」のころになると、じつに伸び伸びと、表情も明るく元気に歌って踊る橋迫さんに眼を奪われていった。ショートカットの髪型も、いつも活発な雰囲気の彼女にとても似あっている（それまでにも、２０２１年10月６日に横浜ランドマークホールで開催された「アンジュルム橋迫鈴バースデーイベント２０２１」にのこのこ出かけていった）。

個人的には、「続・花鳥風月」公演でメロン記念日の楽曲〈さあ、早速盛り上げて行こか〜!!〉を、Juice=Juice段原瑠々さんやモーニング娘。'21山﨑愛生さんとともにパフォーマンスする橋迫鈴さんがとてもよかった。

橋迫さんは小柄なわりに細い手足がじつはすらっと長くて、明るく盛りあがる楽曲やノースリーブとミニスカートの衣装のせいもあって、躍動感たっぷりに長い手足をふりまわしながら、元気いっぱいの楽しそうな表情で歌う彼女がすばらしかったのである。

２０１６年8月にハロプロ研修生となった橋迫鈴さんだが、約3年後の２０１９年7月3日、アンジュルムへの加入が発表される。この加入発表のドキュメンタリー動画については後述するが、この時期の橋迫さんはあどけない可憐な美少女という雰囲気だった。

「Hello! Project 2019 SUMMER 〜beautiful／harmony〜」は、彼女が最初にアンジュルムメン

バーとして参加した公演だが、このソフトを見返すと、「beautiful」公演後半の楽曲〈夏将軍〉のパフォーマンス最後の橋迫さんはみどころである。

この楽曲はタオルをふりまわす派手なふりつけが楽しいのだが、曲の最後でセンターの位置にいる橋迫さんに、ほかの先輩メンバーみんなが集まってきて、彼女の頭のうえにタオルをのせたりと、彼女をみんなでいじっているのだが、肝心の橋迫さんは、それが新メンバーとしての洗礼を受けているかのようにおとなしく、それでいて、とてもうれしそうにしている笑顔がきわめて印象的だった。

加入して約半年後のインタビュー時のグラビアでは（『CDジャーナル2020年冬号』42、45ページ）、橋迫鈴さんより約ひと月まえにJuice=Juiceに加入していた工藤由愛さん、松永里愛さんといっしょなので、薄いメイクのせいもあるのだろうが、ますます控えめな感じが目立っていた。

ところが、このインタビューを読むと、彼女の印象はがらりとかわる。

彼女と松永さんはじつは気がおけない仲であって、研修生時代はいっしょに遊びにいったり、ふたりでホラー映画を観にいったりしていたのだ。そのうえ、「この子（橋迫）、猫かぶってるんですよ！　本当はテンションも一緒くらいです。ぎゃーって騒いでます（笑）」と、じつは人見知りが発動しなければ、橋迫さんはグラビアの可憐さとはうらはらの性格であることが、松永さんに暴露されてしまうのである。

〈愛すべきべきHuman Life〉のミュージックビデオで、ベッドで眠っているリーダー竹内朱莉《あかり》さんの顔にカエルのチープトイでいたずらしようとするカットとおなじく、楽屋でも同様に竹内さんにいたずらをしかける動画がインスタグラムに投稿されるような、2022年秋ごろの橋迫さんからはちょっと想像できないが、彼女は極度の人見知りであることが、加入当初におとなしかった理由のようだ。

橋迫さんのアンジュルム加入から1年後のインタビューが掲載されている『月刊B.L.T.』2020年9月号（東京ニュース通信社）では、最初の緊急事態宣言下での自粛期間後にメンバーさんと再会したときに「久しぶりに会って、人見知りしたんじゃないですか?」との質問に、「はい、会えない期間が長かったので元に戻ってしまい、ちょっと緊張しました（笑）」と答えている。

竹内朱莉さんが相手のときも、「自分から竹内さんに話しかける時はまだ緊張するんですけど、1年前に比べると話しやすくなりました」とのことだった。

このインタビューの橋迫さんはまだ中学生で、グラビアでは少し幼くて、落ちつきのある美少女といった趣《おもむ》きである。

このあと、彼女がどんどん積極的に自分を出していくようになったのは、グループ内の事情も大きいはずだ。

というのも、2019年9月25日の勝田里奈さんの卒業を皮切りに、中西香菜《かな》さん、室田瑞《むろたみず》希《き》さん、太田遥香《はるか》さん、２０２０年12月9日の船木結さんの卒業まで、わずか1年数ヵ月で5人の先輩メンバーが卒業その他でグループを離れてしまうからだ。しかも、それから1年弱の２０２１年11月15日には、笠原桃奈《ももな》さんが卒業している。

その一方で、２０２０年11月2日に川名凜《かわなりん》さん、為永幸音《ためながしおん》さん、松本わかなさんの3人が新メンバーとして加入、その1年とひと月のちの２０２１年12月30日には平山遊季《ゆき》さんがさらに加入した。

すなわち約2年数ヵ月のあいだに、アンジュルムはメンバーのほぼ半数が入れかわり、その期間に橋迫鈴さんもグループを支える中堅メンバーという立場になっていったのだ。

この過程で、彼女を筆頭とする年少組メンバーたちはいつの間にか「橋迫軍団」と呼ばれて、それが定着した結果、「事務所」も公式配信動画などで使用するようになった。

このアンジュルム激動の時期と重なる「Hello! Project 2020 ~ The Ballad ~」以降の4つのツアーのステージで、稲場愛香さんと共演する橋迫鈴さんをみつづけていたことになる。

ぼくにとっては、橋迫さんのキャラクターが稲場さんとはまったくちがうところがかえって魅力的で、気になってしまうのである。

橋迫さんのブログでは、ご両親のことを「父ちゃん」、「母ちゃん」と書いていて、そのような呼びかたも、いまどきはめずらしいのではないだろうか。

彼女が家族と飼っているペットは爬虫類や両生類で、とあちゃん（フトアゴヒゲトカゲ）、リッジ（リッジテールモニター）、ぷんちゃん（ヒョウモントカゲモドキ）のほかに、セントラルパイソン、ストケスイワトカゲ、ツノガエルがいるとのこと（『月刊エンタメ』２０２０年６・７合併号（徳間書店）所収「〝おうちじかん〟はペットと過ごそう　アイドル どうぶつと私」）。

この爬虫類・両生類好きというキャラクターゆえに、橋迫さんは爬虫類・両生類の専門雑誌『ビバリウムガイド』№95（エムピー・ジェー、２０２１年）の表紙を単独ではじめて「人類」として飾り、特集記事「ハンドりんグ」の紙面には、彼女がじっさいに爬虫類のハンドリング方法を実演してくれる写真が満載されることになった。

同誌№98、99号には、アンジュルムメンバーの川名凜さんと再登場し、静岡県の体感型動物園iZoo（イズー）や体感型カエル館KawaZoo（カワズー）の体験レポートで紙面をにぎわせた。

さらに、99号の表紙を橋迫さんと川名さんで飾っているほか、レポート記事のなかで橋迫団長は「ほぼビバガレギュラー」と紹介されている。同誌では、２０２２年８月６、７日に開催された「ジャパンレプタイルズショー２０２２Ｓｕｍｍｅｒ夏レプ」のトークショーに登壇した彼女のレポート記事が楽しめたりと、橋迫鈴さんはすでに「爬虫類・両生類の飼育情報誌」のアイドルでもあるのだ。

彼女がブログに掲載してくれる自撮り写真も、稲場さんのものとは根本的にちがっている。

橋迫さんがブログに投稿してくれる写真の右下に「鈴《すず》」のマークが入っていたり、インターネットサイン会や個別サイン会での橋迫さんのサインのとなりには、同様の球体が描かれている。すなわち、「鈴」は彼女のブランディングマークなのだ。

そして、彼女の自撮り写真はいわば、そのときそのときの自分のありのままの瞬間を切り取った写真が多い。だから、かなりの変顔だったり、表情や角度や明度にも違和感があったりと、いわゆる「映え」を意識していないものも少なくないのだが、それだけに、彼女のプライベートな姿や素のままの表情をみせてくれている。

稲場さんのばあいだと、自分のファンの大半がよろこんでくれるような表情やメイクをスタイリッシュに撮影した写真が多い印象で、おふたりはこのあたりも非常にちがう（けっして優劣のことを述べているのではない）。

思うに、橋迫鈴さんはかなりの強運のもち主である。それは、2019年7月12日公開のYouTube配信番組OMAKE CHANNEL「アンジュルム橋迫鈴《未公開映像》新メンバー発表のウラ側!!」をみても、よくわかる。

橋迫さんのアンジュルム加入を、2代目リーダー竹内朱莉さんが名古屋まで彼女に直接伝えにいくというサプライズのドキュメンタリー動画なのだが、これほど楽しくて感動的な加入発表はそれまでなかったのではないだろうか。

竹内さんと橋迫さんのオタクなら、何度みてもあきることのない動画であるのは、このおふたりの魅力がつまっているからだ。

祖母の家に橋迫さんが遊びにくると、竹内さんが待ちかまえているという「ドッキリ」で、居間の大きなローテーブルにはにぎり寿司の大きな桶ふたつ、鉢にもられたフルーツ、お祖母さんお手製の炊きこみごはんなどの手料理がたくさん用意されている。

彼女のアンジュルム加入を祝う準備がもうすっかりととのっていて、お孫さんに対するお祖母さんの愛情の深さがうかがえる。このサプライズ収録のあと、竹内さんもいっしょにご家族みんなでお祝いしたであろうことが想像できるのも、ほっこりする。

橋迫さんが入ってくるのを待つあいだに、先にお寿司をつまみはじめるリーダー竹内さん。お寿司を口に入れるようすがとても楽しい。

そこに、なにも知らない橋迫さんが登場。

眼前の竹内さんに「うおっ！」と驚いたあとに絶句している彼女のリアクションがかわいいのだ。おこづかいをもらえると思って、祖母の家へひさびさに遊びに来たら、憧れのアンジュルム2代目リーダーがいるのだから、当然である。

お祖母さんのご自宅で、アンジュルム加入を直接、自分の耳で聴いた橋迫さんが涙を流してよろこびながらも、竹内さんのまえでモジモジしているところは、誕生したばかりの新人アイドルというより、ごくふつうの女子中学生なのだ。そんな橋迫さんが、のちにはあれほどのパフォーマンスをみせてくれるようになるのだから、アイドルとはほんとうに奥深いものである。

　ここで、目ざとい竹内さんが橋迫さんのバッグについているグッズに気づく。

それはオフィシャルコレクショングッズのペンライトキーホルダーで、しかもなんと、すぐとなりに座っている竹内朱莉さんの名前入りで、彼女のメンバーカラーの青色がちゃんと点灯するのだ。

　そんなことがあるのだろうか。グッズをバッグにつけているほどの憧れの先輩がリーダーとなったばかりのグループに加入することが決定して、竹内朱莉さんご本人がそれを名古屋の祖母の家まで橋迫鈴さんに伝えに来てくれるということが。

　このとき、「何色になるんだろうね、鈴ちゃんね」と、竹内さんはやさしく橋迫さんに問いかけるのだけれど、スマイレージ時代の竹内さんのメンバーカラーが赤で、のちに発表された橋迫さんのメンバーカラーがピュアレッドだったことも、このおふたりの関係を運命的に感じさせるのではないだろうか。

　毎年、新メンバー加入が発表されるハロー！プロジェクトだが、自身の憧れの先輩が所属するグループに加入できる研修生メンバーはそういないはずである。しかも、その先輩が新リーダーとなったばかりのグループに加入するなんて、ごくまれなことではないだろうか。さらに、橋迫さんのばあい、竹内さんがリーダーになっての初仕事がこの名古屋ロケであり、リーダーになって最初の新メンバーが彼女なのだ。

じっさい、竹内朱莉さんと橋迫鈴さんのあいだには、特別な絆があるようだ。2022年8月30日放送のラジオ日本『60TRY部』「竹内朱莉の業務日誌」コーナーで、竹内さんが橋迫さんのことをほめちぎったときのことである。

橋迫さんを筆頭とする橋迫軍団5人の若手メンバーの仕上がりがすごくて、加入して半年ちょっとの平山遊季さんもふくめて、現在の10人体制のアンジュルムの完成度が極まっていること、同年6月15日に日本武道館で開催された『アンジュルム CONCERT TOUR - The ANGERME- PERFECTION』公演について、竹内さんがうれしかったのは、若手メンバーたちの評判が非常によかったこと、彼女たちの「新人感」がもはやまったくなかったこと、なかでも彼女がいちばんうれしかったのは、橋迫さんがすごかったと、たくさんの称賛を耳にしたこと。

ほかにも、このときの竹内さんの話で興味深かったのは、橋迫さんはダンスを覚えるのが早くて、竹内さんがひさしぶりのアンジュルム楽曲のふりつけを彼女に教えてもらうのも多いこと、しかも、橋迫さんのふりつけはきれいで正確とのことである。

そして、この回の『60TRY部』の放送を聴いた橋迫さんのこの日2本目のブログは、つぎのような内容だった。

竹内さんのラジオ聞きました📻
めちゃ嬉しい言葉すぎて
仕事中だったから涙堪えてた
ほんとに竹内さんがリーダーの
アンジュルムに加入できて良かったなって
心の底から思います♡

「……」

竹内さんがリーダーになって
初めての新メンバーで良かった！！！
私は竹内さんに一生ついて行きます😆
そしてもっともっと努力します！

見ててください

なんとけなげで、なんとすがすがしい憧れの感情だろう！

橋迫さんも竹内朱莉さんが大好きで、憧れている先輩がリーダーをしているグループに加入できたというのは稀有の事例なのだが、その幸運にもっとも感謝して、それにふさわしくなろうと、だれよりも努力しているのは橋迫鈴さん本人だということが、どれほど強く伝わってくる文章だろうか。

竹内さんと橋迫さんは、おたがいにきわめて強固な絆で結ばれている。

そして、ぼくは橋迫鈴さんを好きになっていくと同時に、竹内朱莉さんのこともおなじく好きになっていった。

とりわけ、『アンジュルム コンサート２０２１ 桃源郷 ～笠原桃奈 卒業スペシャル～』の映像ソフトを見返すと、（船木結さんの卒業公演のときと同様に）涙ぐんで、楽曲〈交差点〉の自分の歌詞パートをほとんど歌えない竹内朱莉さんに、毎回もらい泣きしてしまう。彼女もメンバー思いのやさしいリーダーなのだ。

このふたりの絆こそが、個性派ぞろいで知られたアンジュルムの年長組メンバーと年少組メンバーをみごとに結束させていると同時に、この時点で最高の完成度に達していたアンジュルムを牽引しているのを正しく認識できるのではないだろうか。

「Hello! Project 2022 Autumn CITY CIRCUIT」の2022年10月15日開催の「アンジュルム concert tour angel and smile」名古屋公演に参加したときのことである。

楽曲〈愛すべきべきHuman Life〉で、竹内さんと橋迫さんがペアで歌うフレーズがあるのだが、橋迫さんにヘッドロックするかのごとく密着しようとしている竹内さんのおなかに、橋迫さんのボディブローが炸裂しているようにみえた。このふたりの仲のよさは、はた目にはちょっと過激なのだ。

『HELLO! PROJECT DVD MAGAZINE Vol.77』に収録された「ひなフェス2022」のバックステージの映像には、やはりこのふたりが親しさゆえのかなり強烈なボディタッチをしながら、まるでじゃれあっているかのように踊っていたり、ふざけあっているシーンが収録されている。かなり年齢差があるはずの竹内さんと橋迫さんがいかに特別な関係で結ばれていて、どれほど仲がよいかがわかるのだ。

ところが、竹内さんと橋迫さんの蜜月にも、ついに終わるときがやってきた。

2022年12月20日夜に、竹内朱莉さんが2023年の春ツアーをもってアンジュルムおよびハロー!プロジェクトを卒業することが発表されたのだ。

2023年1月1日に放送されたラジオ日本『アンジュルムステーション1422』で竹内

さんみずからが語ったところによると、橋迫さんが最初に竹内さんから卒業のことを聴かされたときは、ティッシュペーパーを箱で使うほど大号泣したそうである。

竹内さんの卒業が発表された日の夜の橋迫鈴さんのブログタイトルは「戦」、半年先の竹内さんの卒業後の自身を想い描いたゆえだったのだろう。

「私は竹内さんがリーダーのアンジュに／入れて本当に嬉しいです／沢山の愛と幸せをくれるグループに／入れて幸せ者です／残りの竹内さんとの時間を楽しみます／みんなも悔いなく過ごそう」と、この日のブログをしめくくったのだった。

そんな橋迫鈴さんがパフォーマンス向上のために努力しようとする気もちは、2022年のバースデーイベントグッズのA4サイズ生写真にもよくあらわれている。

「17歳の抱負／歌を磨く！！！！／満足はしないけど自信もって／上手いだろって言えるようにする。／ぜったいに！」とあって、このことばの周囲には、小さな赤い文字で「見てろよ」が何個も書かれていた。橋迫鈴さんは目標への努力をつねに意識しているメンバーさんなのだ。

その一方で、いつもなにかいたずらを思いついては実行するやんちゃなところも、また彼女なのである。

2022年8月7日の「30thシングル発売イベント」の個別お絵描き会では、橋迫さんは川名凜さんと衣装のジャケットを交換して、ほかのメンバーさんが気づくかどうかを検証していたら、結局、メンバー全員が衣装をシャッフルするという事態に発展してしまう。

同日のアンジュルム公式Twitterでは、「気がつかない間に／衣装が入れ替えられていました／言い出しっぺは誰ですか！／怒らないので／名乗り出てください！」とつぶやかれている。

だが、アンジュルムのファンなら、即座に「主犯」が橋迫さんだと推測したにちがいない。

お相手の川名凜さんがいたずら好きな先輩の橋迫団長に逆らえなかった場面も眼に浮かぶ。

ほかにも、「ブログ書くの大好きすぎて1日に／何個でも書けるんです！！！！！」と、2日後の8月9日付でこの日2回目のブログに書いた橋迫さんは、同日付のほかのメンバー9人分のブログまでぜんぶ、彼女がただひとりでいわば「なりすまし」で代筆したりするほど、やんちゃないたずらぶりを発揮するのだ。

ここで、個人ブログの意味とはいったいなんだろうかなどと考えてはいけない。

そんな常識外れないたずらができてしまうほど元気がありあまっている橋迫鈴さんの行動力に、驚嘆して感動しさえすればいいのだ。

２０２３年3月22日に発売されたアンジュルム2枚目のオリジナルアルバム《ＢＩＧ ＬＯＶＥ》初回生産限定盤Ａに付属するフォトブックレットには、書道の正師範の資格をもつリーダー竹内朱莉さんがメンバーをイメージさせるひと文字を毛筆でそれぞれに書いて贈っているのだが、橋迫鈴さんへの文字が「悪ガキ」であるのは、さすがである。

ハロウィンが大好きな彼女の２０２２年10月末の仮装も、コンセプトとスケールがほかのハロプロメンバー全員のコスプレをはるかに超越していた（第2位は、アンジュルム川村文乃さんのビスケット菓子「たべっ子どうぶつ」のキャラクターであるピンク色のカバのコスプレだと思う）。

この年秋の橋迫さんの仮装はなんと等身大の恐竜の巨大な着ぐるみで、秋ツアー「engel and smile」前半で着用する赤と黒の衣装とおなじ色づかいだった（赤は彼女のメンバーカラーでもある）。アンジュルムメンバー全員に手づくり菓子のプレゼントを用意してくるのも、彼女が心の底からハロウィンを楽しんでいるのが伝わってくる。

アンジュルムオフィシャルTikTok同年10月31日投稿の「恐竜が踊る愛すべきべきHuman Life」と題された動画では、赤い恐竜の着ぐるみを着たままの橋迫さんが全力でこの楽曲を踊っている。とにかく楽しくて、元気をもらえる動画なのだ。

ライブや「盛りだくさん会」でも、ショートカットなのに「ファイブテール」などのかわった髪の結びかたをして登場してくれたりと、いたずら好きで底ぬけに元気で、メンバーさんのことが大好きなうえに、いつも目標への努力を忘れない橋迫鈴さんである。

かと思うと、2022年春と秋の2度の日本武道館公演「アンジュルム CONCERT TOUR -The ANGERME- PERFECTION」や「アンジュルム concert 2022 autumn final ANGEL SMILE」での最後のMCでは、アンジュルム単独での日本武道館公演のステージに立てたことに感きわまって、顔をくしゃくしゃにして泣き笑いするのも橋迫団長なのだ。

こうした彼女は、稲場愛香さんとは（カントリー・ガールズ時代のメンバーカラー以外）なにもかもすべてが異なるハロプロアイドルだけれども、逆にそれがとても魅力的に感じてしまう。とりわけ稲場さん卒業後には、橋迫鈴さんと彼女が所属するアンジュルムのことがますます好きになっていくのである。

3 アンジュルム平山遊季さんのこと

第10期メンバーとして、平山遊季さんのアンジュルム加入が発表されたのは、年の瀬もおしせまった２０２１年12月30日の「Hello! Project Year-End Party 2021 〜GOOD BYE & HELLO! 〜アンジュルムプレミアム」のステージである。

年が明けて、お正月気分もぬけた時期に、２０２２年1月10日公開のＯＭＡＫＥ ＣＨＡＮＮＥＬ「平山遊季 アンジュルム加入 完全版【未公開シーン追加】」を流しながら、仕事をしていた。

アンジュルムメンバーとして初ステージでパフォーマンスしたあとのインタビューで、メンバーカラーがライトグリーンに決定したことについて回答しているシーンである。そこで、平山さんがカントリー・ガールズとアンジュルムのメンバーだった船木結さんに言及したとき、仕事の手をとめて、この動画をもう1度最初から見直した。

ライトグリーンのメンバーさんといえば、元アンジュルムの船木結さんのきみどりだったなというイメージで、研修生のときに、ハロー!プロジェクトでおなじ時期にいたんですけど、お話しすることはなかったんですけど、近くでパフォーマンスをみていて、ほんとうにすごいなって思いましたし、そんな方と似た色でアンジュルムとして活動できるのはほんとにうれしいですし、〔……〕、船木さんを超えるくらい迫力があって、パワーのあるかっこいいアンジュルムのメンバーになれるように、がんばっていきたいなって思います。

非常に強い意志を感じさせるまなざしで、平山遊季さんが船木結さんのライトグリーンをメンバーカラーとして引き継ぐことの意味をそんなふうに語ってくれることに、涙がとまらなかった。歌唱もダンスパフォーマンスも秀逸で、いつもはあんなに元気でおもしろいのに、カントリー・ガールズやアンジュルムのメンバーさんが卒業するたびに、卒業公演で大号泣する船木結さんのことを、あるいは自身の卒業がコロナ禍その他のせいで前代未聞の2度の卒業延期となってしまったり、卒業するのは船木さんなのに、卒業公演最後のMCでアンジュルムのメンバーを

思って、激しく号泣していた彼女のことを超えられるようにがんばりたいといってくれる新メンバー平山遊季さんの心ばえに涙したのだ。

それまでは彼女の名前も知らず、研修生時代の活動もいっさいみていなかったぼくが、平山遊季さんのアンジュルム加入にさいして、彼女からの船木結さんへの想いを耳にしただけで、平山さんをこれから応援したいと思うのは、ハロヲタとして許されないだろうか。

平山遊季さんは、彼女がブログの最後に毎回つづっている「❄雪の様に真っ白く清らかな心で❄」ということばのままに、活動をつづけてほしいと願わずにいられないメンバーさんなのである。


加入からわずか約半年後の2022年6月15日に、平山遊季さんは日本武道館公演「アンジュルム CONCERT TOUR -The ANGERME- PERFECTION」のステージに立った。日本武道館という、アイドルにとってはひとつの到達点として非常にシンボリックな意味がある会場での公演は、アンジュルムメンバーとして一番経験の少ない平山さんにとって、想像を絶するほど責任が重かったはずである。

だが、公演が終わってみれば、彼女のみならず、若手メンバーたちの急成長のおかげで、平山さん加入後の新体制アンジュルムの完成度の高さをみせつけた。

この公演冒頭に4曲をパフォーマンスしたあとのMCで、リーダー竹内朱莉さんは公演タイトルについて、以下のように問いかけた。「なんで、タイトルがジ・アンジュルムなのか、そして今回のライブがパーフェクションなのか、それは今回のライブを最後までみていただいたら、わかりますので」

前述の問いかけに対する答えは、(スマイレージ時代の楽曲ではなく)アンジュルムと改名して以後の全シングル楽曲をパフォーマンスするということのほかに、橋迫鈴さんを筆頭とする橋迫軍団若手メンバー5人の成長ぶりが「PERFECTION」(完璧)であるという意図もあるのではないだろうか(もちろん、年長メンバー5人のことはいうまでもない)。

加入から半年後の日本武道館公演で先輩メンバーに必死でくらいついた平山さんはやはり、だてに中学3年生という若さでハロプロ研修生からアンジュルムメンバーに昇格したわけではなかったのだ。

「-The ANGERME- PERFECTION」というタイトルは、この時点でのアンジュルムというグループのありかたが「完璧」であることを象徴することばでもあるのだろう。それゆえに、このグループのひとつの完成形として、定冠詞をつけた「ジ・アンジュルム」となっていると考えてもいいのではないだろうか。

だからこそ、2022年12月下旬に竹内朱莉さんの翌2023年春の卒業が発表されたとき、彼女のリーダー就任以降に最高レベルのアンジュルムというグループをまとめあげたことに充分に満足して、ついに勇退の道を選択したように思われた。

２０２３年1月1日オンエアの『アンジュルムステーション１４２２』では、メンバーの卒業があいついだ時期に、彼女がリーダーになったアンジュルムが「これでみんなにまかせてもOK」という状態になったときこそ自分が去るときだと思っていたが、「書道で世界をまわりたい」という夢をみつけたときのタイミングと重なったと話している。

「PERFECTION」ということばどおりに、新メンバーの平山遊季さんにとって、２０２２年6月の日本武道館公演はハロプロアイドルとしての大いなる実力を発揮した公演となったのである。


ぼくが平山遊季さんを応援したいのは、船木結さんへの彼女の敬愛の念ばかりではなく、アイドルとしてのプロフェッショナル意識の高さに感嘆したことも、理由のひとつである。『CDジャーナル』２０２２秋号のインタビューを読むと、平山さんが自身のパフォーマンスのクオリティにいかに細心の注意を払っているかがうかがえる。

秋ツアーでチャレンジしたいことはなにかという質問に対して、平山さんはこの年の春ツアーで自身のパフォーマンスに不安定な部分があることに気づいて、「自分はライヴを楽しんでいるんですけど、アドレナリンで動いているなと思って。それはすごくいいことだけど、日によって差が出てしまうから、安定したパフォーマンスをするにはよくないなと思ったんです。アドレナリンにまかせてパフォーマンスしないようにしようというのは意識しているところで、それはしっかり継続していけたらなと」と語っている（まるでつばきファクトリーの楽曲〈アドレナリン・ダメ〉の歌詞のごとくである）。

このインタビューは橋迫鈴さん、為永幸音さんとともに受けているのだが、おふたりはさすがに平山さんのこうした視点と目標に驚嘆していた。このときの平山遊季さんは高校1年生とは思えないほどに、自身のパフォーマンスに対する高い批判意識をもっていた。

楽曲〈悔しいわ〉の歌詞のような嫉妬の感情をいだいたことはあるかという質問に対しては、「それこそOCHA NORMAで波に乗って活躍している同期が3人いますし、ほかのグループや研修生で頑張っている子たちもいる。それをみると私も頑張らなきゃなって思います。相手というより、できない自分に対して強く思うことはたくさんあります」。

またしても、当時高校1年生とは思えないようなみごとな受け答えである。もし推薦入試の面接で受験生にこうした返答をされたら、ぼくはまちがいなく最高点で合格にしてしまうにちがいない。

このような応答までこなせてしまう平山遊季さんが加入後まもない新人メンバーであるというアンジュルムに、弱点など存在しないのだ。

番外編

きゅるりんってしてみて 島村嬉唄さんのこと

2021年1月4日という年初早々、カントリー・ガールズ元メンバー島村嬉唄さんがアイドルグループ「きゅるりんってしてみて」メンバーになって、ふたたび芸能活動を再開するという衝撃的なニュースが流れた。

2015年6月12日の「事務所」アップフロントプロモーションとの契約解除から数年が経過したころに、Instagramのアカウントを開設した島村さんがかつてのグループの楽曲をインスタライブで歌っているのをみたことがあったが、あくまで一般人としてであった。それが突如、芸能界に復帰、アイドルとして復活したのである。

ぼくがカントリー・ガールズを知ったとき、島村嬉唄さんはもういなかったけれど、何度となく見返したミュージックビデオで、彼女の魅力はよく認識していたつもりである。デビューシングル〈愛おしくってごめんね〉冒頭のセリフ、「きみのこと好きになってから／自分じゃないみたい…／うまく言えなくてごめんね」と語るときの表情、さらにそのあとに照れる彼女のすさまじいキュートさは、まさしく彼女だけのものだ。

彼女の契約解除後には、このセリフ部分をのちに加入した梁川奈々美さんが担当することになったのだが（船木結さんヴァージョンも存在している）、まったく別ものに思われてしまうほどである。

《カントリー・ガールズ大全集①》収録のボーナストラック〈浮気なハニーパイ（2015カントリー・ガールズVer.)〉を聴くと、当時の島村嬉唄さんの魅力あふれる歌声に触れることができる。

この楽曲はライブではよく歌われたものだが、音源化に恵まれる機会がなかった。しかも、この音源に関しては、嗣永桃子さん以外のオリジナルメンバー5人による歌唱という、まさしくボーナストラックでなければ収録されないものである。

冒頭部分の歌詞「浮気はもうしないでね」は島村さんのソロパートなのだが、この歌詞を彼女が異様に艶《つや》っぽく歌っている。当時はまだ14歳だったはずの島村嬉唄さんが秘めていた伸びしろの大きさが感じられるのだ。

いまさらいっても詮《せん》ないことだが、島村さんの契約解除がなければ、カントリー・ガールズのその後の運命もまた、現在とはまったく異なっていたはずなのだ。

メジャーデビューからわずか2ヵ月半で当時エースだった彼女が契約解除となってしまったことこそ、あのグループに降りかかったいくつかの大きな不運のなかでも、最初にして最大のものだったからである。

しかも、2022年5月に稲場愛香さんが、6月に森戸知沙希さんがハロー!プロジェクトを卒業した現在、カントリー・ガールズ元メンバーで唯一の現役アイドルがこの島村嬉唄さんになろうとは、彼女がハロー!プロジェクトを契約解除となった当時、いったいだれが想像できただろうか。

一般に、アイドルグループとその所属メンバーは、さまざまな要因によって複雑な運命をたどることも少なくない。

近年のハロー!プロジェクトのなかでは、おそらくカントリー・ガールズがもっとも数奇な運命に翻弄されたグループであり、稲場さん、森戸さんもふくめた元メンバーさん全員もまた同様だったと思われるが、そうした激動の運命の中心にいたのがこの島村嬉唄さんということになるのだろう。

「きゅるりんってしてみて」メンバーとしての彼女は、グループ全体の雰囲気にふさわしく少しギャルっぽい印象だが、かつてのハロプロメンバーだった時期のかわいらしい「おもかげ」も残しながら、年齢相応の美しさに磨きがかかっているという印象である。

島村嬉唄さんを積極的に応援するような気力は、いまのぼくにはもはや残されていないけれど、元カントリー・ガールズメンバーで唯一の現役アイドルである彼女の動向からはずっと眼が離せないのだ。

オタクの肖像5

●「むげい」さん●

唯一、ぼくが〈現場〉以外で知りあったハロヲタがむげいさんである。というのも、かれは前著『〈現場〉のアイドル文化論』を読んでから、ぼくと会って直接に話がしたいと連絡をくれた方だからだ。

しかも、むげいさんは同業者、専任の大学教員であった。

メールをいただいてから、かれのことを調べてみると、ぼくよりもひと世代ほど若くて、立派な研究業績や受賞歴のある英語学者である。俄然《がぜん》、興味がわいて会いたくなった。

会ってくれるなら、どこでも出かけていくとまで、愛知県在住のむげいさんがいってくれたので、2022年1月6日に新宿で会うことになった。ところが、この約束した日は都心でも昼間に吹雪となって、交通機関にも大きな遅延が生じたりと、たいへんな悪天候だったのだが、むげいさんは時間どおりに待ちあわせ場所に現れた。

初対面の印象はいかにもまじめな研究者然とした、もの静かな雰囲気のアラフォー男性である。

この時期は名古屋市近郊にある私立大学の英語教員だったむげいさんは、アメリカの大学での研究経験があり、種々の学会にも頻繁に参加しているからだろう、初対面のぼくとも如才なく対話ができる方だった。

研究者としてのかれやその研究内容はなかなかおもしろかった。たとえば、チョムスキー言語理論についての研究や、日本とアメリカの英語学者の研究スタイルのちがいなどは非常に興味深かった。

モーニング娘。プラチナ期のパフォーマンスをたまたま動画共有サイトで眼にして、ハロヲタになったというむげいさんは、ＤＤ（「だれでも大好き」の略、複数のアイドルを同時に応援するオタク）で、現在お住いの名古屋周辺の〈現場〉に参戦するほか、日本武道館公演やバースデーイベントのさいには、東京まで遠征するとのことである。

そして、この方もハロプロＤＤゆえに、けっしておわることがないオタクなのだった。かれが大学の研究室で仕事をしているときには、ハロー！プロジェクトの公演を収録したソフトをプロジェクターで投影しているとのことで、ひとつの公演をたいてい１００回以上はみているそうである。

そんなむげいさんがハロヲタになったきっかけは感動的で、ぼくにとっては泣ける話だった。

かれは愛知県に赴任する以前、沖縄県の私立大学で英語教員をしていた。ところが、その時期には、たいへんな鬱病をわずらっていたという。

だが、かれの鬱病克服の支えとなったのが沖縄の温暖な気候とハロー！プロジェクトで、しかもそのとき、グループとして推していたのはカントリー・ガールズだった。

ああ、なんということだろう。カントリー・ガールズの活動期間は約5年間で、けっして長くはなかったけれど、そのあいだに、彼女たちはぼくの同業者を、ひとりの優秀な言語学者の心を救ってくれていたのだ！

さらにいえば、ぼくとむげいさんを結びつけてくれたのも、カントリー・ガールズではないだろうか。かれとはじめて会った日には、メンバーの彼女たちにあらためて感謝した。

しかしながら、かれもまた、沖縄で英語教員をしていた最後の年である２０１７年６月に、カントリー・ガールズの新体制、すなわちメンバー３人のほかのハロプログループ兼任が発表されたときには、やはり悲嘆にくれたのだった。

現在、むげいさんとはよく連絡を取りあう仲である。名古屋でJuice=Juiceやアンジュルム、「M-line Special」などの公演がある週末は、会場がある金山駅周辺でぼくのオタク仲間といっしょに会食したり、おなじ公演を観覧している。

2022年10月18日に稲場愛香さんのM-line club加入が発表されたときには、いち早くお祝いの連絡をくれたオタク仲間のひとりがむげいさんだった。

いまでは大切な友人であるかれもまた、ぼくがハロヲタにならなければ、出会う可能性がまったくなかったはずの同業者なのである。

6

推しの卒業を受け入れる

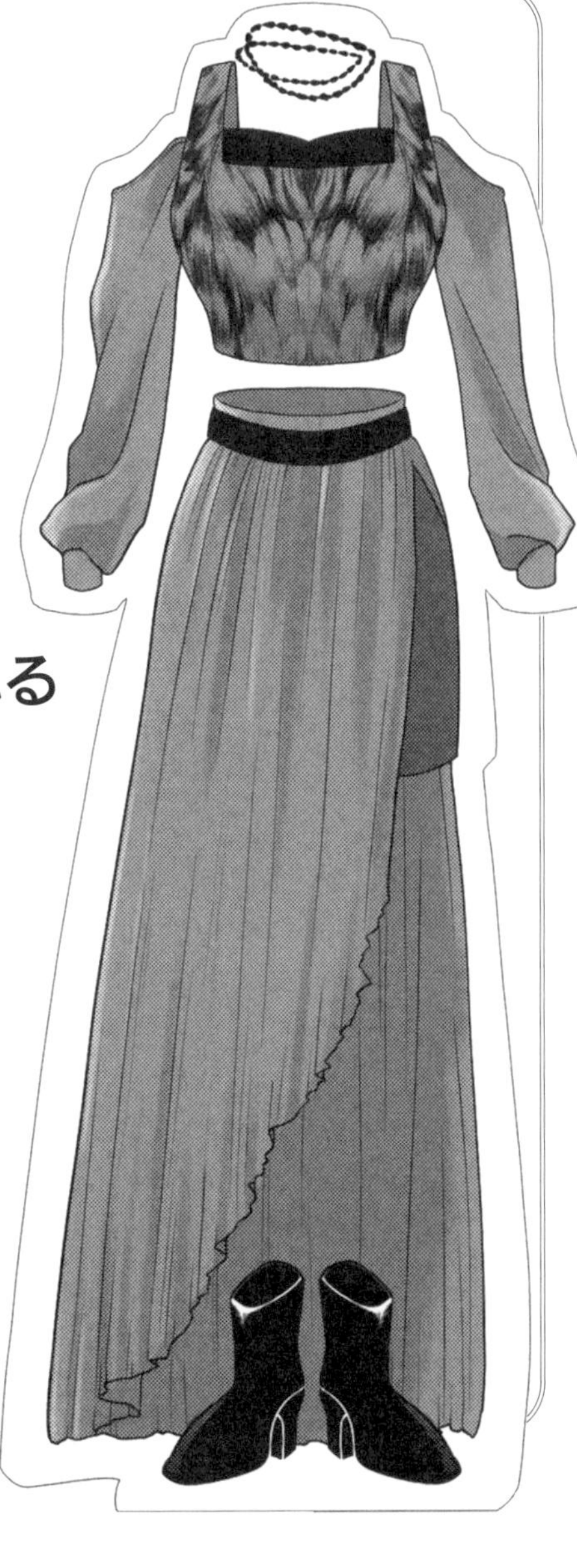

Juice=Juice 15th トリプルA面シングル〈Future Smile〉MVの衣装

第１章の扉イラストとおなじく、ハロー！プロジェクトの衣装でもっとも多い色の組みあわせは、赤を基調とし、黒を差し色としたコンビネーションではないだろうか。赤が華やかさ、黒はシックなおとならしさを表す色だが、人目を惹きやすい鮮やかな赤とそれを際立たせる黒という組みあわせが自然と増えてしまうのだろう。

〈プラスティック・ラブ〉がおとなの恋愛、〈Familia〉が家族をテーマとした楽曲であるのに対して、笑顔でしなやかに力強く生きようとする女性を描いた〈Future Smile〉の力強いメロディにふさわしい衣装として、赤と黒の２色でまとめあげられている。

この衣装もメンバーごとにデザインが異なるが、稲場愛香さんのものは、セパレートのトップスがオフショルダーで、胴体部分は前後とも植物の穂をモチーフとしたような黒い模様が入っている。ボトムスはショートパンツに、左スリットで斜めにカッティングされたロングチュールといったデザインに、黒のネックレスとショートブーツである。

この衣装の稲場愛香さんは、「Juice=Juice 15th シングル〈プラスティック・ラブ／ Familia ／ Future Smile〉発売記念イベント」での２ショットチェキ会や「Hello! Project Year-End Party 2021 ～GOOD BYE & HELLO! ～ Juice=Juiceプレミアム」などでしか〈現場〉でみることはなかったものの、初回生産限定盤SP2特典の「フリーアングル ぐるっと動画」のほか、テレビ東京系連続ドラマ『真夜中にハロー！』第９話には（第８話次回予告でのうしろ姿もふくめて）、この衣装で出演している。稲場さんの卒業が発表された前後では、メディア露出が多かった衣装のひとつである。

1 インターネットソロサイン会のこと

2022年5月1日に開催された「Juice=Juice稲場愛香 サードアルバム《terzo》発売記念リミスタ インターネットソロサイン会」は、異例の2時間50分にもおよぶ生配信イベントとなった。当然、ぼくも申し込んではいたが落選、2次販売もカートに入れた時点で売り切れとなる「瞬殺」状態で惨敗した。

ところが、この生配信企画は、ぼくにとっては稲場さん卒業発表から卒業公演までの期間でもっとも感動したイベントだった。

このインターネットサイン会のこれまでの運営方式では通例、ふたりひと組でおこなわれていた。ひとりのメンバーさんが当選者名やメッセージを読みあげるあいだに、もうひとりがサインをするというやりかたで、途中で交代して、約1時間のイベントであった。

ところが、彼女のインターネットソロサイン会は、2度の休憩をはさみ、2時間50分という長丁場で、しかもすべて彼女ひとりでやりきったのである。

イベントのあいだ、彼女がサイン色紙を書きまちがえたのはわずか1度で、MCもひとりでやりながら、当選者のメッセージも結局は全員読みあげた。書きおえたあとは、カメラにむかって当選者の名前を再度読みあげながら、全員にしっかりとファンサービスしていたのだ。

ノートパソコンでこのイベントの生配信をみていて、ふと既視感があった。そう、4年まえの冬の「ハロショ千夜一夜 第四十七夜〜稲場愛香〜」である。稲場さんのトークイベントで、このときは2部構成で、稲場愛香さんへ100の質問に対して前後編で50個ずつ回答していったあのイベントである。

ぼくは大阪日本橋恵美須町のオフィシャルショップ大阪店での中継をみていたのだけれど、あのときも、彼女はひとつひとつの質問に丁寧に答えていた。大阪店からの質問だったばあいには、毎回カメラのほうをむいてアピールしてくれていた、あのイベントを思い出したのだ。

稲場愛香さんの「ハロショ千夜一夜」は2018年2月23日に開催されたのだが、あれから4年以上たっても、彼女のファンへの心づかいはなにひとつかわっていない。

それどころか、あのイベントは稲場さんの当時の所属事務所アップフロントプロモーション社長西口猛氏による司会があったが、今回のインターネットサイン会は稲場さんがひとりでMCもしながら、ずっと名前とひとことを書きつづけている、それも約3時間という長大な時間を！

これをみていたぼくは、稲場愛香さんのMCスキル、ファンひとりひとりを大切にしていること、くわえてそのタフネスさにあらためて感動した。

しかも、彼女はこのインターネットソロサイン会のまえに、すでに3時間におよぶWith

LIVEのインターネットお話し会を終わらせてきたのである。

自分が推しつづけてきたハロプロアイドルに感激した。そんな彼女を応援してきたのが正しかったことを、彼女がみずから証明してくれたのだ。

しかもサイン会での会話では、彼女が卒業しても、その後の休止期間が長くないことをそれとなく示唆してくれていた。

稲場さんの卒業に打ちのめされてきたぼくは、この日のイベントでわずかに再生した。インターネットソロサイン会での彼女が、その卒業で意気消沈するよりも、卒業後の彼女の活躍に対する期待のほうを凌駕《りょうが》させてくれたのである。

卒業まで残りひと月未満となった時期には、むしろ稲場愛香さんが卒業したあとの活動に期待する感情も少しずつ芽生えてきたのだった。

そして、ぼくが彼女の卒業をついに受け入れる契機がおとずれたのは、『Juice=Juice DVD MAGAZINE Vol. 36』のワンシーンをみてからである。

2 アイドルもひとりの女性であること

２０２２年春のコンサートツアー「Juice=Juice CONCERT TOUR ～terzo～」公演で発売された『Juice=Juice DVD MAGAZINE Vol.36』のDisc 2には、金澤朋子さんの卒業公演のバックステージ映像が収録されているのだが、チャプター5の途中に強く胸をうたれたシーンがある。ごく短いカットだけれど、それはぼくのなかにある、稲場さんの卒業をめぐる感情に決定的な変化をもたらした。Juice=Juice時代の彼女が残してくれた、いまなお大好きな場面なのだ。

公演後半でのわずかな休憩時間らしいのだが、松永里愛さんと彼女がペットボトルの水を飲んでいると、少し思いつめた顔つきの工藤由愛さんがそっとやってくる。すると、異変を察知した稲場愛香さんはものすごく真剣な表情になって、工藤さんの話に耳を傾けるのだ。

「〈ポツリと。〉、ぜんぜんちがうところに立っちゃいました」

「うん？」

「スポットライトの下じゃなくて。その1個下の階で、へんなとこに立っちゃって」

「下の階？　なんのとき？」

「〈ポツリと。〉です」

「あー。下りた？　そのあとでも？」

「そのあと、のぼりました」

「あー、のぼったんだ、だいじょうぶ、だいじょうぶ！」


そういって、また水をひと口飲んだ稲場さんが、不安そうな工藤さんにやさしく歩み寄って、彼女の左腕に手をそえて話しかける。

「だいじょうぶ、だいじょうぶ、もう終わったことは気にしないで、このあとも楽しくやればだいじょうぶ、マジだいじょうぶ！」


まだ心配そうな工藤さんの眼をしっかりとみつめながら、稲場さんがうなずきかける。

「平気でしょ！」と語りかける稲場さんと眼をあわせて、工藤さんがうなずき返す。

そこで突然、「ぶゆ」と奇妙な声を出して、稲場さんが笑顔でサムズアップすると、おなじく工藤さんも右手の親指をあげて、ようやく笑顔になる。

稲場さんがサムズアップした右こぶしどうしをやさしくぶつけて、「楽しもうっ！　ね！」と何度もうなずく。工藤さんが明るい表情をとりもどしたのを確認すると、稲場さんはもうひと口、水を飲む。

このシーンをみて、稲場愛香さんのことをなにも理解していなかったという事実を痛感した。彼女をずっと応援してきたはずなのに、彼女自身のことをなにもみていなかったことに気づいたのだ。

非常にきまじめな性格の工藤由愛さんがステージ上でのミスをずっと気にしてしまいそうなのをおそらくよく知っている彼女は、工藤さんが落ちこんでいる理由をしっかりと聴いたうえで、なにも問題ないからと言い聞かせて、さらにライブに集中できるように元気づけたのである。

このときの彼女はすごくおとなびた表情をしていて、それがとても美しい。工藤さんへのやさしい気づかいは、すでに成熟したおとなの女性のものである。

このバックステージ映像が収録されたのは２０２１年11月24日、稲場さんの24歳の誕生日まで約1ヵ月という時期である。

工藤由愛さんを励ます彼女のしっかりした表情をみていて、大卒の社会人ならすでに2年目という年齢の稲場愛香さんが、アイドルである自分の将来についてなにも不安を感じないわけがない、なにも考えないはずがないということにようやく思いいたったのだ。

アイドルという職業ではあっても、稲場さんもひとりのまだ20代なかばの女性なのだから。

そしてこのとき、自分が稲場さんにただただずっとアイドルでいてほしいと願うだけのひとりよがりの身勝手で無責任なファンにすぎないことをはじめて自覚した。

大学の研究室の仕事机のとなりの書架の棚すべてに、もう何年も、彼女のカントリー・ガールズ時代の生写真やグッズをずらっと飾っている。いつもそれを眼にしていると、ぼくのなかでは、その時期のままに彼女の時間がとまりつづけているかのような感覚だった。

ぼくがこのソフトをみたのは、彼女の卒業までひと月もない2022年5月のゴールデンウィークのことである。

このバックステージ映像に収録された稲場愛香さんの人間的なおとなびた部分に触れることで、ついに彼女の卒業の意味と直接に対峙して、それを受け入れることができた。それをやっと実感した。

そんなあたりまえのことに気づくのに、ずいぶんと遠まわりをしたけれど、いまにして思うと、それはぼくのなかではどうしても必要な時間と体験と儀式だったのだ。

3 金澤朋子さんの芸能界引退

ぼくが稲場愛香さんのJuice=Juiceおよびハロー！プロジェクト卒業をなんとかようやく受け

入れて、彼女の卒業まで2週間足らずだった5月17日夜に、Juice=Juice 2代目リーダーの金澤朋子さんが5月末日をもって芸能界を引退することが発表された。横浜アリーナでの卒業公演から約半年後のことである。

2021年夏に持病に起因する体調不良がつづいたゆえに活動休止していた金澤さんが、これ以上グループに迷惑をかけられないと卒業を思い立ったことも、ファンにとっては悲しくさびしい決断だった。

「事務所」による金澤さんの卒業発表とこの日の彼女のブログは、涙なしには読めない。

大好きだからこそ
甘えてばかりではいけない、
ここを去らなければいけない
と、強く思いました。
いつかはその時がくると分かっていたはずの〝卒業〟というものが、こんなにも切なく、こんなにも寂しいものだったのかと驚かされると共に
自分の中でのJuice=Juice の存在の大きさを再確認させられて、こんな素敵なグループで活動出来たこと
改めてとても嬉しく、誇りに思います。
（2021年10月6日付）

Juice=Juiceは稲場愛香さんが加入するまではほぼ知らなかったグループで、それまでカントリー・ガールズしか知らなかったぼくには、彼女の加入後とさらにカントリー・ガールズの活動停止後には、もっとも大好きなハロー！プロジェクトのグループになった。

稲場さんが加入してから、メンバーさん全員のことがだんだんと好きになっていったし、オリジナルメンバー5人では、初代リーダー宮崎由加さんの卒業後にはとくに、金澤朋子さんの存在がぼくのなかで大きくなっていった。

ぼくがはじめて参加したJuice=Juiceのリリースイベントは、東京ドームシティ・ラクーアガーデンステージでのセカンドアルバム《Juice=Juice#2 -¡Una más!-》のときである。

２０１８年7月31日に開催されたイベントで、ミニライブのあとの握手会のときに、列の先頭にいて、最初に握手したメンバーが金澤さんでなかったら、翌日の東京お台場のヴィーナスフォートでのイベントにも足を運ぶことはなかったかもしれない。それどころか、〈現場〉での失敗を悔やみすぎて、「在宅オタク」に戻ってしまっていたかもと、いまでも考える。

はじめてのJuice=Juiceメンバーとの握手会で、異常な緊張のあまりに、挙動不審にみえたはずの40代後半の不気味な中年男性に、おそらく金澤朋子さんはすべてを理解したうえで、やさしく丁寧に話しかけてくれたことを思いだすからである。

このときは、ごくわずかしかループしなかったけれど、2周目のときにはぼくのことをもう覚えてくれていて、すぐに「2回目！」といって、握手してくれた金澤さんの笑顔が忘れられない。

それゆえ、ぼくにとっては、Juice=Juiceのオリジナルメンバーのなかでも、金澤朋子さんはちょっと特別なメンバーさんだった。

だからこそ、２０２１年11月24日に横浜アリーナで開催された「Juice=Juice Concert 2021 ～FAMILIA～金澤朋子ファイナル」は、ぼくにとってはもうひとりの推しの卒業公演だったといえるかもしれない。

この卒業公演のソフトには、楽曲〈Familia〉のパフォーマンス中に、何度か金澤朋子さんが手で顔をおおい隠したり、涙がこぼれないように中空をあおぎみるところが映っている。〈Familia〉は、この日の卒業公演のリハーサルでも彼女が「爆泣き」していたと、植村あかりさんが『TopYell NEO 2021～2022』のインタビューで語っている楽曲である。

卒業するメンバーのことを思って涙を流す彼女をこれまでも何度か〈現場〉でみてきたけれど、大好きなJuice=Juiceを卒業するさびしさとせつなさに金澤さんが耐えているようすがよく伝わってくる映像なのだ。

卒業公演最後のセレモニーでも、金澤さんはやはり彼女らしかった。

この日はアリーナ席のかなり前方の席でみていて、金澤朋子さんの最後のことばを泣きながら聴いていた。ところが、自身の卒業への思いについて、自然にいっさいよどむことなく、金澤さんはことばをつむいでいく。最初は彼女がなにか後方に提示されたものをみているのだと思っていた。ところが、じっさいはなにもない。

つまり、金澤さんは観客だけをみて、あれほど長大なメッセージを語りかけてくれていたのだ。金澤朋子さんはずっと自身のファンに対してそういう接しかたをしてくれたメンバーさんだった。

これからはJuice=Juice Familyの一員として、このグループを見守って、いっしょに応援していきたいこと、療養のために卒業することになったが、努力しつづけたいこと、そして、またぼくたちのまえにかならず戻ってくること。

どうか自分を信じて待っていてほしい、またかならず笑顔でお会いしましょうと、ファンへのお礼とともに、金澤さんは約9年間の活動を力強くしめくくったのである。

そんな卒業公演から約半年後に、金澤朋子さんの芸能界引退が発表されたとき、即座にブログで反応したのは、やはり彼女を敬愛していた松永里愛さんだった。

いっぱいいっぱいお世話になりました
選択ってすごく大変なので、金澤さんが考え抜いて決めたことを私も大事にしたいです
金澤さんはずっとメンバーのことを見ていてくださったので
これからは自分に沢山の時間を費やしてほしいです

［……］

私は皆さんの辛い気持ちとかを100%理解することはできませんが
本当に毎日楽しいことばかりじゃないし全部投げ出して逃げたくなるし生きてるのが嫌になる事もあるかもしれませんが
生きてさえいればなんとかなります
自分の内側にある傷を他人に理解してもらうって見えないからすごく難しいんですよ
だから自分で自分をちゃんと愛してあげなきゃ駄目!!!!!
毎日、全部嫌になるかもしれないけど
どうしても明日は来るのでどうせなら私は楽しく生きたい
人生イージーモードで行こうぜ

（2022年5月17日付）

こうして、またもやぼくたちを励ましてくれたのは、このとき16歳の高校生メンバー松永里愛さんなのだった。そして、Twitterのトレンドにふたたび「松永里愛」の名が堂々と輝いた。松永さんとともに、金澤朋子さんのこれからの幸せを、彼女がすばらしい人生を送ってくれることを、おそらくはハロヲタのだれもが心から祈ったはずだ。

最後に彼女がわれわれに残してくれたのは、YouTube配信のデュオ動画企画「COVERS

-One on One-〈君は自転車 私は電車で帰宅〉鈴木愛理×金澤朋子」である。

この℃-uteの楽曲〈君は自転車 私は電車で帰宅〉は、彼女がハロー!プロジェクトに加入するきっかけとなった「OCEAN MUSIC AWARD 新人発掘オーディション2012」で歌った楽曲なのだ。

憧れの℃-ute元メンバーの鈴木愛理《あいり》さんとこの曲を最後にもう一度歌って、その姿をぼくたちに残して、金澤朋子さんは芸能界を去っていった。


5月末日をもって所属事務所との契約を終える金澤朋子さんと、その前日5月30日の卒業公演でJuice=Juiceとハロー!プロジェクトを卒業する稲場愛香さん。

このとき、Juice=Juiceというグループが大好きだったぼくのなかで、あれほど力強く燃えさかっていたなにかがゆっくりと終わろうとしていくのを感じたのだった。

稲場愛香さんの卒業公演翌日の5月31日、アップフロントプロモーションのウェブサイトの所属タレント紹介では、新しく掲載された「稲場愛香」さんの左どなりに「金澤朋子」さんがならんでいた（さらにいえば、森戸知沙希さんの卒業までは、稲場さんの右側はカントリー・ガールズ元メンバー小関舞さんだった）。

この2022年5月31日は、稲場さんと金澤さんをソロの所属タレントとして「事務所」がいっしょに紹介していた最初で最後の1日だったのである。

4 卒業公演までの最後の1週間

5月19日付のメンバー全員のブログをみると、稲場愛香さんは自宅で武道館公演の準備をしていた一方で、ほかのメンバーさんたちはみんな「撮影」ということで顔を会わせていた。稲場さん卒業後のJuice=Juiceの活動がすでにはじまっていた。

同日の夜は、『Juice=Juice 稲場愛香の manakan Palette Box』のラストから2回目の放送日だった。番組の最後で「涙は来週まで」と涙声になりながら、必死で「あしたもがんばりまなかん」でおわろうとする稲場愛香さんがいじらしくて、胸をしめつけられた。

そして、ついに最終回の放送日5月26日がやってきた。放送内容は、たくさんのメールを読みつつ、番組をふり返ろうとする企画である。

コロナ禍以前だと、この番組収録のために、稲場さんは札幌の収録スタジオに月2回ほど通っていた。ところが、緊急事態宣言が発令されて以降は、彼女みずから自宅で収録するようになったと思われる。2年間もひとりでの番組収録をつづけていた彼女の努力もたいへんだったはずで、それでも、毎週木曜日を明るく楽しく盛りあげてくれていたのだ。

最終回の番組ブログに掲載された写真のプラカードにも、「約3年間、本当にありがとうございました。自分らしくお話しさせてもらえる大切な場所でした。聞いて下さった皆さん、大好きです!!　これからも宜しくお願いします。がんばりまなかん♥」と書いてくれている。

だが、とうとう放送時間が終わるときがやってきた。

「ほんとうにたくさんの方に支えられて、最終回を迎えられてよかったなあって思います。あらためて『まなりある』から『manakan Palette Box』まで、いつも暖かいご声援・メッセージをありがとうございました。またお逢いできる日までおたがい笑顔でいましょう！　以上、Juice=Juiceの稲場愛香でした！　これからもぉー、がんばりまなかん！」

涙声ながらも明るく元気に、最後の挨拶をおわらせた彼女は、ひとつひとつの仕事を、着実にしっかりと、「アイドル稲場愛香」として最後までやりとげようとしていた。

２０２２年5月30日開催の「Juice=Juice CONCERT TOUR ～terzo～ FINAL 稲場愛香卒業スペシャル」までの最後の1週間、稲場さんは多くの番組に出演したり、いくつもの動画が公開された。当時のメンバー全員のブログをみてもわかるように、この1週間はずっと日本武道館公演のリハーサルがつづいていた時期である。

5月24日（火）Bayfm『We are Juice=Juice』ソロパーソナリティ
25日（水）YouTube『ハロ！ステ』＃４２８　有澤一華さんとＭＣ

26日（木）YouTube『アプカミ』#276　平山遊季さんとMC
FM FUJI『GIRLS❤GIRLS❤GIRLS =FULL BOOST= Juice=Juice 井上玲音の Music Letters』ゲスト出演
AIR-G'『Juice=Juice 稲場愛香の manakan Palette Box』レギュラー番組最終回
27日（金）YouTube「【踊ってみた】怪物 / YOASOBI 踊ってみた【ハロプロダンス学園】振付/DA PUMP KENZO」
28日（土）YouTube OMAKE CHANNEL「Juice=Juice 稲場愛香・段原瑠々の動物たちと〝ものまね〟やりたい〟」（卒業直前企画）
29日（日）JAPAN billboard「稲場愛香〈アイドルになれてよかったな〉卒業直前インタビュー公開！有澤一華、入江里咲、江端妃咲と共にJuice=Juiceへの想い語る」

ふたつの配信番組に2夜連続で出演したほか、ラジオ番組『We are Juice=Juice』も5週間ほかのメンバーと共演したのちのソロでの出演である。『We are Juice=Juice』と『manakan Palette Box』で流された最後のナンバーが〈未来へ、さあ走り出せ！〉だったのは、稲場さんが卒業後の自分やほかのメンバー全員の未来へのエールを送っていると理解できるだろうか。
さらには、単発の配信動画とウェブニュースのインタビューが公開された。卒業公演当日までのカウントダウンが1日ずつ確実に進んでいったのである。

この時期、リハーサルが進んでいくなかで、Juice=Juiceメンバーも彼女の卒業公演にむかって気もちが高まっていくのと同時に、気もちを整理しようとしていたのがよくわかる。メンバーさんのブログには、リハーサルのようすとともに、稲場さんといっしょに撮った自撮り写真がアップされていた。

たとえば「私、稲場さんだいすき」というタイトルがつけられた有澤一華さんの5月23日付ブログでは、「今日は、稲場さんのダンスを見て号泣しました。／グッと心にきて、ぶわああああって涙が溢れました。／稲場さんはリハーサルが終わって居残り練習する時も分からないところをわかるまで教えてくださります。／本当に感謝しかないです。／大好き稲場さん」と、ふたりが頬をくっつけた自撮り写真とともに投稿している。

リハーサル後で自分も疲れているはずなのに、ダンスを復習する後輩のめんどうをみる稲場さんなのだった。

稲場さんを「いなまさん」と呼ぶ松永里愛さんの5月27日付のブログは、以下のとおり。

武道館もうすぐーーーー！／わくわく！／ちょーーーー楽しみ！／かましてやるぜ！！！！！！

なんか、いまなさんが卒業されることをまだ実感できてなくて／多分ご卒業さ

れた後に毎日お仕事場に行ってもいまなさんがいなくて実感するんだろうなあ
それってすごい悲しいってもう知ってるから／まだ実感湧いてないけどいっぱいいまなさんにくっついてます
いまなさんかっこいい〜〜／全部かっこいいんですよねー
歌もダンスも姿勢も目も全部かっこよくて私も！！って持ち上げられます
絶対最高の公演にするんだ〜

この時期はすでに芸能界引退が発表されていた金澤朋子さんへのこれまでの想いとともに、稲場さんとの最後の時間を大切に過ごしながら、彼女の卒業公演を成功させようとする意気ごみがとても感じとれる。

それは（失礼ながら）松永里愛さんの精神的成長も示していると思われた。

稲場さんが出演する番組が3つもあった5月26日には、彼女の卒業公演記念グッズも発表されている。

ピンナップポスターおよび生写真のコレクションもの、日替わり写真、Tシャツ、マイクロファイバータオル、ＤＶＤマガジンなど、通常のコンサートでよくラインナップされるグッズとならんで、目新しかったのはビジュアルブック、ジャンボうちわ、ビッグサイズアクリルスタンドなどだろうか。彼女の人気のせいもあるのだろうか、いつもの武道館公演よりも商品数が多い印象である。

ちなみに、オフィシャルショップでも5月に入ってからは毎週末、彼女のグッズは多めに販売されていた。毎週金曜日になると、FSK（フィギュアスタンドキーホルダー、いわゆるアクリルスタンド）数種のほか、クリアファイル、写真集『愛land』アザーカットのA5壁掛けポスター、キャンバスアート、B2サイズポスターなどがつぎつぎと発売された。

それゆえ、金曜日にはオフィシャルショップに通い、土日は「terzo」ツアーの〈現場〉へ遠征というのが5月の週末だった。だが、そういう「推し活」も5月30日の彼女の卒業公演でついに終わるのだ。

２０２２年5月21日に北九州ソレイユホールで開催された「Juice=Juice CONCERT TOUR ～terzo～」は、通常公演での千秋楽だった。ぼくにとっては、稲場愛香さんのアイドル時代最後の地方遠征である。

最後となる遠征には日程に余裕をもたせて、いつものオタク仲間たちと観光も楽しんだ。関門海峡の海底トンネルを歩いてわたり、源平合戦最後の古戦場である壇ノ浦から関門橋をながめたり、かつて宮本武蔵と佐々木小次郎が決闘した巌流島（船島）にわたって散策したりした。

このツアー最後の北九州ソレイユホール公演の終演時のことである。終演時に会場内のスクリーンに映しだされたツアーロゴは、これまでの黒いフォントのものではなかった。

すなわち、タイトルロゴがホットピンクになった「Juice=Juice CONCERT TOUR ～terzo～ Final MANAKA INABA GRADUATION SPECIAL」である。この公演終演後のみ、オフィシャルホームページに掲載されていた彼女の卒業公演のタイトルロゴが使用されたのだ。ついに日本武道館公演までのカウントダウンがはじまった。

この日すでに北九州ソレイユホールに入場するさいに、「稲場愛香さん卒業公演　開演前の手拍子《クラップ》　お願いします」という、カラフルな小さいチラシが配布されていた。「〈まもなく開演です〉のアナウンス後より／ペンライト ホットピンクを点灯！／まなかん《パンパンパン》のリズムに合わせて」とあって、公演後のアンコール待ちのときにも同様のお願いである。Twitterアカウント「稲場愛香卒業公演開演前手拍子企画」からは、このチラシと同一の内容がすでに拡散されていたようだ。

その一方では、5月24日付のブログに、稲場愛香さんはおそらく卒業公演のリハーサル2日目のようすを書いている。

＝

あとね、／衣装のフィッティングもしました…✦／最後に着る衣装／見さ

＝

せてもらったよ♥／とにかく素敵で・・・／本番着られるのが本当に楽しみです
［……］／ああ、、もうね、、／毎日ドキドキしてます。笑／ソワソワしています。
／みんな、こんな気持ちだったのかなあって／不思議です。残り６日

そうして、２０２２年５月30日、ついに稲場愛香さんの卒業公演が東京都千代田区北の丸公園にある日本武道館で開催されるのである。

オタクの肖像6

●「みうみう」さん●

2023年3月までは現役女子大学生ハロヲタだったみうみうさんは、なにを隠そう、ぼくのゼミ生だった。

4月最初のゼミではたいてい、ゼミ生全員に自己紹介してもらうことにしている。というのも、第1回目のゼミではじめて話す学生も少なくないからである。

みうみうさんのばあいは、1年次生のときにぼくの授業を履修してくれていたのだが、そのことはぼくの記憶からはすっぽりと抜けおちていた（申し訳ありません）。

2021年夏学期の3年次生の専修ゼミ第1回目で、自己紹介の順番がまわってきたみうみうさんは最初に自分の名前と出身地を伝えたのち、注目しているゼミ生たちのまえで「わたしも森先生とおなじハロヲタです！」と言い放った。

前著『〈現場〉のアイドル文化論』を上梓してから、ぼくのゼミ志望者にアイドルオタクの学生が増えたのだが、彼女もそのひとりである。

みうみうさんがハロヲタになったのは、２０１４年11月の道重さゆみさんのモーニング娘。'14およびハロー！プロジェクト卒業の時期で、同グループの小田さくらさん推しになったという。だがそののち、大学２年次生の冬期休暇に韓国の男性アイドルグループStray Kidsの「沼」にハマって、このグループと小田さんを推すようになった。

ところが、就職活動で疲労困憊となっていた２０２２年６月、つばきファクトリーの〈アドレナリン・ダメ〉のミュージックビデオをたまたま眼にした瞬間、福田真琳《まりん》さん推しのハロヲタとして再誕したのだった。

やはり、人生において体力的にも精神的にもまいっているとき、アイドルはやってくるのだ。

それゆえ、２０２２年の夏期休暇が終わって、みうみうさんとひさしぶりにゼミで会ってみると、夏のあいだにつばきファクトリー福田真琳さん推しになったことを突如、聞かされて驚嘆した（けっして小田さくらさんから「推し変」したわけではない）。

その後、福田さんオタクとなった彼女のＳＮＳのアカウントをフォローさせてもらったのだが、これがぼくにはとても新鮮だった。

みうみうさんは、ぼくがＳＮＳでフォローしているハロヲタのなかではおそらく最年少なのだが、ひとりの女子学生ハロヲタとしての彼女の投稿は、ことばの感性が若いのだ。内容そのものも若い女子オタクのつぶやきとしてかわいらしいうえに、福田さん推しとしてとても熱狂的なのが鮮烈だった。

彼女のオタク活動もかなりほほえましい。関西を中心に、広島、名古屋、福岡まで（新幹線ではなく）高速バスで遠征している。学生オタクがけっして無理をせず、最大限可能な範囲で一所懸命にライブやイベントの〈現場〉に通っているといったようすである。その一方で、ゼミが無欠席だったのもありがたくて、担当教員であるぼくの精神衛生にもきわめて良好だった。

ちなみに、彼女の卒業論文は『〈終わらない〉アイドル―モーニング娘。とAKB48の例から―』というタイトルで、このふたつのアイドルグループの歴史の比較分析である。10代前半から小田さくらさん推しでもある彼女の面目躍如たるテーマだといえよう。「推しごと」と大学生をしっかりと両立してくれたみうみうさんの卒業論文は問題なく合格点の内容で、2023年3月に無事に卒業して、4月からは社会人の福田真琳さん推しハロヲタとして活動中である。

7

推しの卒業公演にゆく

「Juice=Juice CONCERT TOUR ～terzo～ FINAL 稲場愛香卒業スペシャル」アンコール衣装

もはやなにも語る必要はない、稲場愛香さんのJuice=Juiceおよびハロー！プロジェクト時代最後の衣装。Juice=Juice時代のメンバーカラーであるホットピンクで統一されており、ウエディングドレスを思わせる豪華さである。

ドレス全体にラメがちりばめられており、チュールがまかれたロングスカートで、背部の大きなリボンのほか、セパレートの両腕パーツには、うすいピンクの花びらの柄があしらわれている。ピンクの薔薇でいっぱいのカチューシャや左手のリングのほか、卒業セレモニーで読んだ手紙が入っていたポーチまですべてがホットピンクのコーディネイトで、まさしく彼女の卒業公演アンコールにふさわしい一世一代の衣装である。

1 LINE CUBE SHIBUYA にゆく

カントリー・ガールズの活動休止

２０１９年８月21日に公開された『ハロ！ステ』＃３０３でショートヴァージョンの〈One Summer Night〜真夏の決心〜〉のミュージックビデオをみたとき、ほんとうにうれしかった。ひさしぶりの完全新作で、カントリー・ガールズの新曲のために製作されたものだったからだ。そして、完全版が公開されたのは、３日後の８月24日夜である。

全編がドラマ仕立てで、立川市の元小学校をまるごと貸りきって撮影している。進路に悩みながら、バスケットボールの部活にうちこむ森戸知沙希さん、思いきって異性に告白する小関舞さん、ひとりで追試を受けている船木結さんの夏の高校生活が描かれるとともに、帰省した先輩の山木梨沙さんと校舎で再会するというストーリーになっている。

アルトサックスが特技だった元メンバー梁川奈々美さんを思わせる「校舎裏で誰かが奏でるサクソフォン」という歌詞もうれしいし、なんといっても、制服姿のメンバー３人とひとりだけお姉さんらしい衣装の山木さんがみずみずしく演技しているのがとても新鮮で、しっかりとした物語性のある感動的なミュージックビデオである。

〈One Summer Night～真夏の決心～〉の完全版ミュージックビデオを再生したこの夜、カントリー・ガールズをもう1度応援できると確信した。Juice=Juiceメンバーの稲場愛香さんと並行して、これからは彼女たちを「箱推し」で応援していこうと決心した。

10回ほどくり返し再生して気づけば、深夜2時を過ぎていた。翌25日は「Hello! Project 2019 SUMMER beautiful／harmony」の中野サンプラザ公演にまた朝早めに出かけて、会場まえの広場でグッズ購入の待機列にならぶのだ。興奮をおさえながら、眠りについた。

この時期、彼女たちの活動は、この「ハロコン」と年数回のFCイベントとしてのライブやバースデーイベントだけになっていた。梁川奈々美さんはすでに5ヵ月まえの3月にハロー！プロジェクトを卒業し、芸能界も引退していたために、カントリー・ガールズは4人体制で、山木梨沙さんはカレッジ・コスモスとの兼任、森戸知沙希さんはモーニング娘。'19での、船木結さんはアンジュルムでの活動が中心だった。

それだけに、カントリー・ガールズの新曲ミュージックビデオをつくってくれたのが、たまらなくうれしかったのだ。「事務所」が本気を出して、このグループをふたたび売り出してくれるようになったと、このときは愚直に信じた。

ところが、じつはカントリー・ガールズの活動休止が決定していて、それを受けて、グループ最後となる〈One Summer Night～真夏の決心～〉のミュージックビデオを製作してくれたらしいということにやっと気づくのは、この夜からふた月ほどのちの２０１９年10月18日夜22時である。

この金曜日の夜に発表された「カントリー・ガールズ 活動休止のお知らせ」は、翌19日土曜日に開催される「Juice=Juice LIVE TOUR 2019 ～Con Amor～」岡山公演に胸をおどらせていたぼくの心をうち砕いた。

12月26日のLINE CUBE SHIBUYA（渋谷公会堂）でのコンサートでカントリー・ガールズは活動を休止し、現メンバー４人は卒業するという発表である。

活動休止後には、山木梨沙さんはハロー！プロジェクトとカレッジ・コスモスを卒業と同時に芸能界引退、小関舞さんは卒業後には個人での芸能活動継続、船木結さんは２０２０年３月にハロー！プロジェクトとアンジュルム卒業と芸能活動休止、森戸知沙希さんはモーニング娘。メンバーとして芸能活動を継続するとのことだった。

最終公演まであと2ヵ月少しという、残された時間のあまりの少なさゆえに、激しく動揺した。

この夏の「Hello! Project 2019 SUMMER beautiful／harmony」が、カントリー・ガールズが出演した最後の「ハロコン」で、彼女たちは来年1月からのコンサートにはもう出演しないのだ！

半年後はここを離れるのマイホームタウン
どこにいても変わらずにいてねマイベストフレンド

進路希望を書いた時から
サヨナラが急に近づいた

〈One Summer Night～真夏の決心～〉の歌詞を涙とともに思いだす。

この発表がなされた時点で、このグループのオタクに残された〈現場〉は、11月5日開催のFC限定イベント「カントリー・ガールズ結成5周年記念イベント～Go for the future!!!!～」と12月開催予定の卒業公演のふたつのみである。

そして、この発表の文面の最後から3行目「カントリー・ガールズとしての今後ですが、メンバーを一新し再始動することを考えています」という一文は、いまだ発表内容を受けとめられないぼくを激昂《げっこう》させた。

年末の卒業公演も終了していない段階での「グループ再始動」の公表という、ファン心理を逆なでする無神経さにくわえて、まるで現メンバー4人を交換可能な部品のごとく考えているかのような書きかたである。

かけがえのない彼女たちに代わるメンバーがいるというのか！

だが、その一方で、あまりにも大きな後悔と罪悪感がむくむくとわきあがってきた。

そもそも、稲場愛香さん卒業後のカントリー・ガールズを応援してこなかったのは、だれなのか。稲場さんがハロー！プロジェクトに復帰したのちに、彼女の〈現場〉しか通わなかったのは、だれなのか。

ぼくには「事務所」の運営方針を責める資格もないのだ。

だれがいったのかは知らないが、「推しは推せるときに推せ」ということばがぼくの心にどこまでも重くのしかかるのだった。

この卒業発表翌日のJuice=Juiceの秋ツアー「Con Amor」岡山公演は、これまででもっともつらく悲しい〈現場〉となった。

あまりの衝撃と悲しみでよく眠れなかったうえに、こんな気もちで稲場愛香さんを笑顔で応援できるはずもなかったからである。公演後の握手会では、彼女の顔すらまともにみられなかった。

この日は昼と夜の2公演に入ったけれど、会場のライブハウスCRAZYMAMA KINGDOMのばあい、入場待ちでチケットの整理番号順にならぶのは、会場の建物から少し離れた公園である。そのあいだ、カントリー・ガールズの卒業発表を周囲のだれも話題にしていなかったことが、さらにぼくの悲しみに追いうちをかけた。

この日唯一のなぐさめは、カントリー・ガールズ時代から稲場さんを推しているオタクの方と会ったときに、「昨夜はショックで眠れなかった」といってくれたことである。

とはいえ、これはその日の〈現場〉のぼくの周辺だけの話であった。

ぼくが親しくしてもらっている、稲場愛香さんとカントリー・ガールズ推しの方は、仲間うちで急遽《きゅうきょ》集まって、飲めないアルコールをむりやり飲んで転倒、肋骨2本にひびが入る重傷を負ったという話をのちにうかがった。

カントリー・ガールズの卒業公演のこと

彼女たちの「卒業公演」のタイトルは、「カントリー・ガールズライブ２０１９～愛おしくってごめんね～」となっていて、文字だけをみれば、メンバー４人全員の卒業を感じさせることはない。

だが、これはまちがいなく、ラストライブなのだ。この公演が終幕すると、彼女たち４人のメンバーは、カントリー・ガールズではなくなってしまうのだ。

２０１９年12月26日、LINE CUBE SHIBUYAの車両搬入口の坂道につくられた物販購入待機列にならんだのは、午前10時ごろである。すでにたくさんの人びとが列をなしていた。

11月の「カントリー・ガールズ結成5周年記念イベント～Go for the future!!!～」のときにも気づいたことだが、若い女性やカップルが多かった。カントリー・ガールズの魅力が若い世代のアイドルファンに根づいていたのを実感できた。

ぼくにカントリー・ガールズを「布教」してくれた元ゼミ生のNくんといっしょに、4時間半ほどならんだのちにようやく購入、コレクション商品のトレードをおえてから、遅めの昼食をとった。

荒天ではなかったが、12月下旬の厳寒の屋外で4時間以上も立ちっぱなしだったので、からだがすっかり冷えきってしまった。

公演開始まで時間があるので、まずは本屋を探しまわった。物販待機列でならんでいたときに、まわりの人たちがもっていた『アップトゥボーイ』２０２０年２月号（ワニブックス、２０１９年）を買いたかったのだ。この雑誌にはカントリー・ガールズ最後のグラビアとインタビューが掲載されていたからである。

カントリー・ガールズの「卒業公演」が開催されたのは２０１９年12月26日だが、3週間ほどまえの12月8日は、中国の湖北省武漢で新型コロナウイルスの感染者が最初に発症したといわれる日だった。

新年をむかえると、しだいに世界がコロナ禍で侵食されていくとは、だれも思っていなかった年末の渋谷の人ごみのなかで、書店を探して歩いた。すっかり出遅れたけれど、渋谷駅周辺の本屋を数店まわって、なんとか購入できた。

ひとしきり時間をつぶしたのち、公演開始時間が近づいてきた。駅前周辺から会場のLINE CUBE SHIBUYAをめざして、年の瀬で混雑している渋谷のゆるやかな坂をふたたびのぼっていく。

カントリー・ガールズ最後の〈現場〉へとつづく道である。

すると、いっしょに歩いていたNくんがそっと耳うちしてきた。

「先生、まえを歩いている3人、PINK CRES.ですよ。まんなかが（夏焼《なつやき》）雅《みやび》ちゃんです」

はっと驚いて、すぐ前方を歩く3人の女性のうしろ姿に眼をやると、まちがいない。

PINK CRES.は、無期限活動停止中のBerryz工房副キャプテン夏焼雅さんをリーダーとする3人グループである。

夏焼さんもまた、PINK CRES.メンバーの小林ひかるさん、二瓶有加《にへいゆうか》さんといっしょにカントリー・ガールズの最終公演にやってきたのだ。とりわけ、小林ひかるさんは山木梨沙さんと仲がよかったはずである。3人のメンバーさんは渋谷の街によくなじんでいた。

Nくんとともに、なにくわぬ顔でさっと追いぬいて、彼女たちのほうをいっさいかえりみることなく、先を急いだ。

LINE CUBE SHIBUYAは、このときがはじめての会場である。

Juice=JuiceがNHKの公開生放送の音楽番組『うたコン』に出演したさいには、渋谷のNHKホールで2度ほど観覧したことがあるが、その会場にむかうときにはこの建物のまえを素通りしていた。

この日は前方ブロック上手寄りの通路すぐとなりの席で、ありがたいことに、とても見やすかった。

ぼくの右どなりの席にいたのは、20代前半くらいだろうか、緑色のグッズを身につけている女性で、ひと目で山木梨沙さん推しだとわかる。彼女は自身の推しと同様に、上品で知的なお嬢さまというたたずまいだった。

開演5分まえの会場内には、深い悲しみの雰囲気がただよっているものの、カントリー・ガールズ最後のライブを最大限に盛りあげて、メンバーさんたちを送り出したいという暖かい想いが、静けさのなかに感じられた。

やがて、Country Girls のアルファベットがコーラスになっているオープニングテーマとともに、ムービーが映しだされると、大きな拍手と歓声がわきあがる。

カントリー・ガールズの最終公演がはじまったのだ！

ステージの上手と下手の両方から、メンバーカラーのミニワンピースに身をつつんだカントリー・ガールズメンバー4人が登場、ステージ中央に集まった。

そしてはじまるラストライブのセットリスト1曲目は、デビューシングル〈愛おしくってごめんね〉、イントロではあの操り人形《マリオネット》を思わせるダンスである。

森戸知沙希さんはかつてのように黒髪にして、ポニーテールに結んでいる。この最終公演のために、わざわざカントリー・ガールズ時代最初の髪型だったポニーテールで登場したのだ。

ぼくにとってはどうしても、森戸知沙希さんはモーニング娘。'19ではなく、カントリー・ガールズのメンバーであり、船木結さんはアンジュルムではなくて、おなじくカントリー・ガールズのメンバーなのである。だが、それもこの夜かぎりなのだ。

このとき、ぼくのなかの時計の針は4年ほど巻きもどり、まだ稲場愛香さんがいたころのカントリー・ガールズの時間になると、涙がとまらなくなった。

翌年には50歳になろうとする中年男性がアイドルの卒業公演をみて、泣きつづけた。まるでこの先10年分の涙をここで1度に流しきってしまうかのようだった。

この最後のライブを盛りあげたいという気もちと癒《いや》しようのない悲しみがうずまくなかで、公演はどんどんと進んでいく。

楽曲がひとつ終わるごとに、このアイドルグループの最期の瞬間が少しずつ近づいてゆく。

おそらく「事務所」スタッフが練りに練っただろう渾身のセットリストは、よく知っている楽曲ばかりである。この時期は、カントリー・ガールズの楽曲よりもJuice=Juiceのものを多く知っていたはずだが、知っている時間が長いゆえだろうか、もはや懐かしさをともなって、いまはカントリー・ガールズの楽曲がぼくの心にしみこんでいくのだった。

『カントリー・ガールズライブ2019～愛おしくってごめんね』のブルーレイソフトは、『嗣永桃子ラストライブ♡ありがとう おともももち♡』や『Juice=Juice＆カントリー・ガールズLIVE～梁川奈々美 卒業スペシャル～』とおなじくらいに、いまでは再生するのにかなりの覚悟を要するディスクだが、特典のメイキング映像だけは何度もみたくなる。

このメイキング映像の後半は、卒業公演後のほんとうに最後となる彼女たちの挨拶が収録されていて、メンバー4人でその日の卒業公演についてふり返っている。

司会役の山木梨沙さんが「ここでなにか、ブルーレイを買ってくださったみなさんだけにいっておきたいことがある人はいる?」とたずねる。

船木結さんが挙手して、「最後の最後に、なんかこういうことをいうのはどうかと思ったんだけど……、いっていいかな。最後、べつに仲わるくはなりたいわけじゃないんだけど」と切りだす。

すると、山木さんも「ちょっと待って、わたしもそれいいたい」と身を乗りだして、卒業公演セットリスト16番目の楽曲〈恋泥棒〉のパフォーマンス中に発生したハプニングについて、「なにしたの?」と、森戸知沙希さんと小関舞さんに問いただす。

〈恋泥棒〉の2番のところで、山木さんと船木さんがペアで歌っているパートはふたりの大きな見せ場なのに、森戸さんが小関さんにしかけた思いがけない「ドッキリ」のために、歌っていないこちらのふたりのほうに大きな歓声があがってしまったのだ。

このシーンはソフトに収録されているし、船木結さんの虚《きょ》をつかれた表情もよく映っている。

そこから、この卒業公演でも歌った楽曲〈Good Boy Bad Girl〉の最初の歌詞を、船木さんがそのまま歌うかのようにして、「ドッキリ」の理由を問いつめると、4人で爆笑しながら、つづきの歌詞をみんなで歌いあうシーンがとても楽しい。いかにもカントリー・ガールズらしい和気あいあいぶりが感じられるのだ（この歌詞の冒頭部分が、そのときの森戸さんと小関さんの「事件」の状況に完全一致しているのです）。

いまでも、そんな彼女たちが大好きなのである。

セットリスト18曲目の〈リズムが呼んでいるぞ！〉は、メロディーや歌詞がアップテンポで明るいのにくわえて、間奏での「リズム遊び」が楽しい楽曲である。

それぞれのメンバーさんが出題するクラップを手本にして、観客も同様にクラップするという遊びのことで、会場内でまさしくカントリー・ガールズと観客が一体となる瞬間がつくりあげられるという、彼女たちならではの楽曲なのだ。

そして、アンコールでの最後の楽曲は〈ＶＩＶＡ!!薔薇色の人生〉、正真正銘、最後のパフォーマンスとなる。

この楽曲は、嗣永桃子さんの卒業公演で彼女がメンバー全員と歌った最後のものであり、また梁川奈々美さんの卒業公演でもセットリスト最後の楽曲となっている。つまり、カントリー・ガールズのいわば「卒業曲」で、この公演でもほんとうのクライマックスの楽曲なのだ。

いまが
どうしよう　どうしよう　しあわせ
明日の　明日の　幕開け
困難　荒波　大歓迎
私なら大丈夫です　薔薇色の人生
みんなも最高です　薔薇色の人生

この公演を最後に、カントリー・ガールズを卒業するメンバーさん4人の、なかでも芸能界も引退する山木梨沙さんのそれからが、この歌詞のように「薔薇色の人生」であってほしいと、ファンのひとりとして切に願った。

公演終了後、右どなりの山木さん推しの女性がくすんくすんと泣きながら、帰り支度をしているのをみると、胸が痛んだ。

ぼくも、カントリー・ガールズがステージに立っているあいだ、ずっと涙がとまらなかったハロヲタのひとりである。この彼女がどうか無事に帰りついてくれることを信じながら、会場をあとにした。

いつものオタク仲間たちと合流してから、ライブ中のNくんのことを聞いて、唖然《あぜん》とした。

ついにチケットを入手できなかったかれはずっと、会場の車両搬入口でスマートフォンをつうじて生配信をみていたというのだ。ぼくはかれがどこかのお店のなかでみていると思っていた。「少しでも近くでみていたかったから」と、真冬の12月下旬の夜に、会場の建物のすぐそばの屋外で2時間、かれはカントリー・ガールズの卒業公演をスマートフォンで応援していたのだった。

チケット転売サイトには法外な値段をつけられた公演チケットがたくさん出品されていたのを知っていたぼくにとって、カントリー・ガールズと稲場愛香さんを推すきっかけをくれた元ゼミ生の最後の応援がとてもせつなかった。

帰宅してから、メンバー全員の最後のブログを泣きながら読みおえたのちに、開演待ちのあいだに購入した『アップトゥボーイ』２０２０年2月号をようやくひらいた。

最初に眼を通したのは、カントリー・ガールズとしてのメンバー4人の最後の雑誌グラビアとインタビューである。４人のグラビアは白い清楚な衣装と、それぞれのメンバーカラーにあわせたカラフルな袴姿だった。

インタビューには、メンバーみんなで考えたうえで活動休止を選択したことが語られていて、読みどころも多かった。

しかし、インタビュアーは彼女たちにとってあまりにも残酷な質問をしている。

「2年前に時を戻して兼任もなく、5人でカントリー・ガールズのまま今に至っていたら結果は違ったかもしれないと思う？」

山木「その前に増員があった気がします」

小関「それは思う」

森戸「そうなるとほかのハロー！のグループのように、新陳代謝があるグループになっていたんじゃないかなっていう風には思ったりもしますね」

小関「実際、当時追加メンバーはあるだろうみたいな感じで話してて、研修生とかを見て、キャッキャキャッしてたよね（笑）」

船木「私自身、追加メンバーみたいな形だったので、新メンバーが嫌だとかそういう気持ちでは全くなくて。そういう未来もあったらそれはそれで良かったし、むしろ見てみたかったかも」

だが、船木結さんが望んでいたような未来はおとずれなかった。

そしてこのときの時間は、すでに日付がかわっていたが、彼女たち4人の卒業公演が終了した日の深夜である。

その夜はそれまでにずっと両眼から大量の水分が流れ出ていたはずなのに、さらにもう1度あふれだしたのだった。

2 日本武道館へゆく

最後の物販待機列

2022年5月30日の朝は晴天で、すでに初夏の日差しがまぶしかった。スタッフが物販購入の待機列を整理する時間から30分ほどまえの日本武道館に到着した。

自分の推しがせっかくの日本武道館で卒業公演をするというのに、座席ははるか高みからのスタンド席にくわえて、この公演の翌日火曜日は朝9時から仕事《じゅぎょう》という容赦のない不運にみまわれたことが、かえって現実的だった。当然ながら、オタク仲間たちからの卒業公演後の打ちあげのお誘いも断らざるをえなかった。

それでもまだ、推しの卒業公演をちゃんと会場の日本武道館でみられる日程であったのがありがたかった。

ぼくはアナログ人間なので、4月はじまりの手帳をずっと使っている。4年半ほどまえに稲場愛香さんがハロー！プロジェクトに復帰して以降、毎年買い直す手帳のスケジュールは、だんだんと彼女とJuice=Juiceの〈現場〉の予定で埋められていくようになった。

だが、2022年度の手帳にはこの5月30日以降、週末の予定はなにも書かれていない。それゆえ、6月以降のスケジュールをみるたびに、この日の卒業公演でぼくの「推し活」がついに終了するのを実感していた。

しかも、この日はおそらく公演終了まぎわに、遅くても20時半には、日本武道館を出なくてはならない。どんなに遅くなっても、新大阪駅着の新幹線の最終にだけは乗らなければならないのだ。

じっさいに、アンコール最後に稲場愛香さんとJuice=Juiceメンバーがステージを回りながら、360度の観客席にむかって手をふりつづけているときに、あわただしく退場することになった。ぼくの推しの卒業公演はそういう運命のもとにあった。

飛び乗った新幹線の車両で、おなじく新大阪方面へむかう稲場さん推しの女性をおみかけした。なぜわかるかというと、この日の日本武道館で販売された卒業記念Tシャツを着て、赤とホットピンクのシリコンバンドも手首に通したままで乗っている猛者《もさ》だったからである。

グッズを買うために待機列にならぶという体験も、今回が最後になるはずだった。彼女が卒業してしまうと、もうアイドルとしての彼女のグッズがつくられることもなくなるからである。発売開始から1時間半ぐらい待ったのちに、めあてのグッズ類をようやく購入できた。

非常にたくさんのグッズが用意されていたなかで、卒業公演当日の〈現場〉でとりいそぎ買ったのは、『稲場愛香卒業メモリアルＤＶＤ』、『Juice=Juice DVD MAGAZINE Vol.37』、シリコンバンド2個セットと、コレクションピンナップポスターとコレクション生写真を相当数である。キャリーケースで遠征してきたぼくにとっては、すぐに必要なものだけを買いたかったからだった。もちろん、最終的には、「事務所」が運営する通販サイト「e-Line UP! Mall」でほぼすべてのグッズを買いそろえた。

〈現場〉でのトレードもひさしぶりで、汗ばむ陽気のこの日はなかなかに過酷だった。というのも、コレクション生写真のほうは全18種類なので、全メンバー9人のうち、稲場さんのものを2種類そろえればよいだけだが、コレクションピンナップポスターのほうは全28種類で、稲場さんの2種とメンバー全員での集合2種にくわえて、彼女とほかのメンバー全員とのツーショットのものがさらに8種類もあったからである。当日の〈現場〉だけでは、彼女の写っているものすべてを交換できなかった。

推しの卒業公演

この日の日本武道館の観客数は、『IDOL AND READ 031』（シンコーミュージック・エンタテイメント、2022年）に掲載された稲場愛香さんの卒業公演レポートによると、「客席を360度開放した武道館には、約9千人ものオーディエンスが集結」とのことである。

最初にここで観覧した公演は、２０１８年10月29日に開催された「Juice=Juice LIVE 2018 at NIPPON BUDOKAN TRIANGROOOVE」で、彼女がはじめて日本武道館に立ったステージだった。楽曲〈Fiesta! Fiesta!〉のパフォーマンス時には、ほんものの炎が高く吹きあがる派手な演出が忘れられない公演である。

これまでの遠征先のさまざまな会場でJuice=Juiceの公演をみてきたが、なかでも日本武道館はやはりもっとも異質にして特殊な会場だ。

この八角形をした異形の建物は天井が高い。中心のステージからは３６０度がみわたせる１階と2階のスタンド席がすり鉢状にみえて、古代ローマの円形劇場や円形闘技場《コロッセオ》を思わせる。公演中はアーティストと観客どうしの一体感が強く感じられる独特の会場である。

開演20分まえには、スタンド席に着席、いつでもすぐに退場できるように準備していた。

オープニングアクトは、この卒業公演からひと月半のちの7月13日にメジャーデビューが決定しているOCHA NORMAで、楽曲はファーストシングル〈恋のクラウチングスタート〉。翌年に誕生25周年をむかえるハロー！プロジェクトは、新グループのプロモーションがこの時期すでに開始されていた。

まもなく開演を告げるアナウンスが終了すると、にわかに会場内のいたるところで、ホットピンクのペンライトが点灯しはじめた。それと同時に、「terzo」ツアー北九州公演で配布されたミニチラシやTwitterで拡散されていたためだろう、「ま・な・かん」を思わせる3拍子のクラップの音が大きくなっていく。

ぱん・ぱん・ぱんっ！
ぱん・ぱん・ぱんっ！
ぱん・ぱん・ぱんっ！

照明が落ちて、ステージ上部中央に設置された4面の巨大モニターにメンバー紹介のオープニングムービーがはじまると、2拍子のクラップへとかわった。ムービーがおわると、〈Va-Va-Voom〉のイントロが流れだす。

「Juice=Juice いくよー！」

リーダー植村あかりさんの元気なかけ声とともに、これまでの春ツアーで何度もみてきた緑と黒の衣装に身をつつんだメンバー全員が登場、この日の稲場愛香さんのヘアスタイルはハーフツイン。

彼女の卒業公演「Juice=Juice CONCERT TOUR ～terzo～ FINAL 稲場愛香卒業スペシャル」がはじまったのである。

2019年12月にLINE CUBE SHIBUYAで開催されたカントリー・ガールズの「卒業公演」

のときとくらべると、ぼく自身は思っていたよりずっと冷静だった。スタンド席での観覧ゆえに、見降ろすアリーナ中央のT字型ステージまでかなりの距離があるせいだろうか。

あるいは、この卒業公演の衣装がこの春ツアー「Juice=Juice CONCERT TOUR ～terzo～」で見慣れていたものだったり、セットリストも基本的にはそれまでのツアーのものに新曲やメドレーを増やしたものだったからだろうか。

それとも、稲場愛香さんが卒業しても、Juice=Juiceというアイドルグループの活動はつづいていくうえに、この時期はオーディション中で新メンバーの加入が決定していたからだろうか。カントリー・ガールズの「卒業公演」のときに、ハロヲタとしてはすでに1度、ぼくのなかの大切ななにかが終わってしまって、とっくに〈他界〉していたかのような感覚である。

それゆえ、平穏でありながらも、どこか非現実的な感覚のなかで、〈Va-Va-Voom〉につづく〈プラトニック・プラネット〉以降のパフォーマンスをながめていた。

アルバム《terzo》の「Disc 2. The Brand-New Juice 2022」に収録されている新曲は、6曲と現在のメンバーにあわせて歌詞をリニューアルした〈GIRLS BE AMBITIOUS! 2022〉と初披露時の8人に井上玲音さん、有澤一華さん、入江里咲さん、江端妃咲さんの歌唱をくわえた〈プラトニック・プラネット〉（Ultimate Juice Ver.）である。

そのうち、〈STAGE～アガってみな～〉、〈雨の中の口笛〉、〈Mon Amour〉、〈GIRLS BE AMBITIOUS! 2022〉は春ツアー「terzo」のセットリストに入っていたために、これまでの〈現場〉で何度も楽しんできた。

この日の日本武道館公演で追加された楽曲は〈POPPIN' LOVE〉、〈ノクチルカ〉、〈G.O.A.T.〉と〈禁断少女〉である。

それゆえ、稲場さんの卒業公演はJuice=Juiceがステージ上でサードアルバム《terzo》に収録された新曲すべてをはじめてパフォーマンスした公演でもあった。

さらに、〈初めてを経験中〉、〈好きって言ってよ〉、〈微炭酸〉（アコースティック Ver.）、〈続いていくSTORY〉の4曲が、彼女がそれぞれメンバーさん数人と歌うメドレーとして、この公演のためだけに新しく追加されたパフォーマンスである。

入江里咲さんが楽曲中でセリフを入れる〈POPPIN' LOVE〉も、このときがステージ初披露だった。

しかしながら、情熱と哀愁をおりまぜたようなメロディーと歌詞が胸をうつ〈Mon Amour〉のときだけはちがっていた。

植村あかりさん、稲場愛香さん、段原瑠々さん、井上玲音さんのいわば「お姉さん組」が歌っていて、「Juice=Juice CONCERT TOUR ～terzo～」の公演で聴くたびに、ときどき涙があふれてきたほど、もっとも胸をしめつけられた楽曲である。

この卒業公演でも同様に、〈Mon Amour〉のパフォーマンスでは、胸にこみあげてくるものをおさえられない感覚を味わった。

2度目のMCのあとのダンスパフォーマンスは、稲場愛香さんの大きな見せ場のひとつだった。

セットリスト最後の楽曲は、これまでの春ツアーと同様に〈Familia〉である。

〈シンクロ。〉につづくJuice=Juiceの「卒業曲」ともいうべき楽曲だが、約半年まえの横浜アリーナでの金澤朋子さんの卒業公演では、金澤さんは泣きながら歌っていた。

この公演のブルーレイソフトを見返すと、〈Familia〉の最後の歌詞「わがままで心配かけちゃうかもしれないけど見守ってて／それだけで頑張れるよ きっと」のところで、稲場さんは一瞬だけ泣きくずれそうになるのをこらえている。

そうして、ぼくの推しの卒業公演はどこか現実的でないまま、少し予定調和的に進んでいって、〈Familia〉を歌いおえたJuice=Juiceメンバーは挨拶をして、ステージを去っていった。

だが、ぼくにとって、稲場愛香さんの卒業公演がほんとうにはじまったのは、このあとのアンコールからなのである。

卒業公演アンコールでの稲場愛香さんのこと

開演まえのように、「ま・な・かん」を意味する3拍子のクラップがアンコールを待ちわびて、会場内にひびきわたっている。

ホットピンクの豪華なドレスを身にまとった稲場愛香さんがひとりで再登場すると、流れはじめたイントロは、『カントリー・ガールズ ライブツアー2015秋冬』収録のとてもよく知っている楽曲である。

彼女は彼氏の車のなかでまだ帰宅したくない女子をとても表情豊かに演じている。

もう少し　帰りたくない
ドライブしよー
うーん　じゃあ　コンビニよる？
うーん

カントリー・ガールズ時代のパフォーマンスでも、彼女が楽曲冒頭と最後をモノローグで飾る、2011年にリリースされたハロー！プロジェクトモベキマスのシングル〈ブスにならない哲学〉のカップリング曲〈もしも・・・〉なのだ。

ホットピンクのペンライトをふる観客9000人の中心で、稲場愛香さんが〈もしも・・・〉を歌っている！

このとき突然に、この日の卒業公演を最後に、彼女がほんとうに卒業することを実感できた。

しかも、それがもう終幕にさしかかっていて、かつてのカントリー・ガールズ卒業時には想像もしなかった日本武道館での卒業公演が進行しているのをようやく認識したのだ。

現在はJuice=Juiceメンバーである稲場さんが、自身の卒業公演であるとはいえ、Juice=Juiceの日本武道館公演であるにもかかわらず、かつてカントリー・ガールズ時代に歌っていた楽曲を満場の観客のまえで披露している。

この特殊なセットリストは彼女の卒業公演ゆえであり、さらにそれがアンコールでのパフォーマンスであることの意味を知ったのだ。

稲場愛香さんがソロで歌う〈もしも・・・〉は、日本武道館公演当日から日付がかわると同時に配信されて、彼女のソロ楽曲でもあるという位置づけになった。

のちのブルーレイソフトや「Juice=Juice CONCERT TOUR ～terzo～ FINAL 稲場愛香卒業スペシャル」を特集した『ハロ！ステ』＃430での映像とおなじく、会場内の巨大モニターには、楽曲最後のところで「おやすみなさい」とつぶやいたあと、枕に頭をおくように両手をひだりの耳につけて、ほんとうに目をつぶるところまで、はっきりと映っている。

日本武道館に集まった9000人の観客のまえで、彼女はこの卒業公演の最後の瞬間まで、自身のキャラクターである「あざとい」をやりとげようとしている！

彼女はそういうアイドルなのだ。

そんな稲場愛香さんが好きで、これまで応援してきたのだ。

つぎの楽曲〈シンクロ。〉のイントロが流れると、黒いレースのラインで飾られた白いワンピースの衣装を初披露するJuice=Juiceメンバー全員が再登場して、ステージ中央で稲場愛香さんを囲んで歌いだす。

〈シンクロ。〉は、2019年3月11日にZepp Tokyoで開催された梁川奈々美さんの卒業公演のJuice=Juiceパート最後の楽曲でもあって、このときは、最後のソロパートを高木紗友希さんが涙をながして歌っていた。

半年まえの横浜アリーナでの金澤朋子さんの卒業公演では、メドレーで金澤さんと植村あかりさんがパフォーマンスしている。

稲場愛香さんにとっても、この楽曲は思い出深いはずだ。彼女がJuice=Juice加入後最初に発売されたのがセカンドアルバム《Juice=Juice#2 -¡Una más!-》で、彼女もレコーディングした新曲3曲のうちの1曲だからである。

メンバーどうしがいろいろな時間をいっしょに過ごし、おたがいの感情が同調《シンクロ》して、ともに過去と未来をわかちあうといった内容の歌詞は、〈Familia〉とともに、Juice=Juiceの「卒業曲」と呼ぶのにふさわしい。

そして、この日の卒業公演アンコールで最後のソロパートを歌ったのは、稲場愛香さんである。

〽　めざすーおーもーいーシーンクーロすうぅぅるよおおおぉ　〽

梁川さんの卒業公演のときの高木さんの歌声に負けないほど、稲場愛香さんはほんとうに力強く歌いきった。

マイクをとおしてステージからはるか上方のスタンド席にもはっきりと伝わる、とても芯の強い歌声である。

いつになく真剣な表情で歌う彼女は、右手をかざして歌いながら、ゆっくりと眼を閉じていく。息をつぐと同時に、すべての歌声を出しきったといわんがばかりに、マイクをもった左手をさっと下へふりおろした。

おそらく、〈シンクロ。〉最後のソロパートは、ハロプロアイドル稲場愛香さんにとっても最後にして最大のハイライトである。それゆえ、歌いおわったあとに一瞬、ケレン味をともなって俊敏にダンスパフォーマンスへ移行したようにみえた。

いつもダンスで着目されてきたけれど、彼女もまた天下のハロプロアイドルとして、歌唱も磨きつづけてきた。稲場さんは最後の大一番の舞台でそれを証明してみせたのだ。

この日もずっとここまで歌って踊りつづけてきた彼女は、最後のソロパートをみごとに歌いきった。

このときの〈シンクロ。〉は、アイドル稲場愛香さんのパフォーマンスの頂点なのだ。

〈シンクロ。〉を歌いおわると、拍手が鳴りひびくなか、ステージが暗転。ごくわずかな時間ののちに、ステージ中央にスポットライトがあてられると、用意されたマイクスタンドのまえに稲場さんが立っている。

「たくさんの拍手、ほんとうにありがとうございます」と頭を下げると、ふたたび大きな拍手が会場全体にひびいた。「ああ、うれしー」、顔をほころばせる彼女である。

「それでは、ここで、わたし稲場愛香からお手紙を読ませていただきたいなと思います」、日本武道館の天井からつりさげられた4面の巨大モニターには、彼女がホットピンクのポーチから便箋を取りだすところが映っている。A4サイズの用紙がふたつ折りにされていて、4、5枚はあるだろうか。

ついに、卒業公演のクライマックスがやってきた。

稲場愛香さんが語るカントリー・ガールズのこと

彼女が読みあげる手紙は、「本日、2022年5月30日をもって、わたし稲場愛香はJuice=Juiceおよびハロー！プロジェクトを卒業します」ということばからはじまった。ところどころで、涙で声がつまりそうになるのをこらえながら、自身のアイドル人生をふり返る。

4歳から歌とダンスをはじめ、物心がついたときにはエンターテイメント業界をこころざしたこと。ハロー！プロジェクトを大好きになり、高校1年生のときにハロプロ研修生になって、ついに2014年11月5日にカントリー・ガールズのメンバーとしてハロー！プロジェクトに加入したこと。

メジャーデビューできたときのよろこび。ダンスが大好きという特徴しかなかった自分がメンバーやファンから「あざとい」という特徴的な代名詞をつけてもらって、自身のアイドルとしての役割をみいだせたことや、いままでずっと使いつづけてきた「がんばりまなかん」のこと。

十代の若さもあって、すべてに全力だった毎日が思い出されます。ですが、体調のことでふがいない思いのまま、カントリー・ガールズのわたしは終わってしまいました。短い時間だったかもしれませんが、わたしにとってはかけがえのない思い出で、愛おしい日々だったなと感じています！〔……〕。いまでもカントリーのメンバーみんなにはほんとうに感謝しています！

泣きくずれそうになる彼女をおよそ9000人の観客が支えようとするかのように、日本武道館内に満場の拍手がとどろいた。

稲場愛香さんがファンやカントリー・ガールズの元メンバーたちに伝えようとする書簡の内容は、ぼくにはこれでもう充分だった。ぼくが待ち望んでいたすべてがそこにあったからである。

「〔……〕。あらためてたくさんの人に支えられて、きょうという日をむかえることができました。

わたしに出会ってくださったすべてのみなさまに心から感謝しています。約9年間、ほんとうにほんとうにありがとうございました。２０２２年5月30日、Juice=Juiceサブリーダー稲場愛香」、鳴りひびく大きな拍手は彼女の最後のセレモニーがおわったことを告げている。

メンバーひとりひとりから、稲場愛香さんへのメッセージと武道館公演の感想が伝えられたあとには、歌詞が心に寄りそってくれるという、稲場さんお気に入りのJuice=Juice楽曲〈如雨《じょう》露《ろ》〉を、卒業公演アンコールのほんとうに最後の曲目としてメンバーみんなが笑顔にあふれて歌っている。

このとき、彼女を応援しつづけてきたこれまでの時間の意味がようやくわかった。

きっと、ここがぼくの「推し活」の終着点なのだ。

稲場愛香さんがカントリー・ガールズを卒業しても、あのグループの活動休止が決定してメンバー全員が卒業しても、活動再開してJuice=Juice加入後はそのメンバーとしての彼女を好きになり、さらにはほかのメンバーさんみんなのことを好きになっても、それでも、カントリー・ガールズの彼女の「おもかげ」を、心のどこかでずっと探しもとめていた。

この日の卒業公演のアンコールに、ホットピンクの豪華なドレス姿の稲場愛香さんが登場して、モベキマスの名曲〈もしも・・・〉をソロで歌っているのを、９０００人の観客とともに見守った。

彼女の活動休止中にくりかえし見返したＤＶＤソフト『カントリー・ガールズライブツアー

2015秋冬』のセットリストの楽曲で、最初のモノローグと最後の「おやすみなさい」というセリフで演技する稲場愛香さんを何度も何度もみてきたものである。

そして、A4サイズの便箋4、5枚にもおよぶ長大な手紙のなかで、彼女が自身のアイドル人生をふり返り、カントリー・ガールズ時代の思い出や当時のメンバーへの感謝を語るところを、息をのんで受けとめた。

まるで禁じられているかのように、復帰後はあのグループのことについてほとんど言及することがなかった彼女である。

それにもかかわらず、ついに卒業公演最後のセレモニーで、すなわちハロー!プロジェクト現役でいられる残りわずかな時間に、カントリー・ガールズのオリジナルメンバーとして、かつてのグループでの思い出とともに、メンバー全員に対する感謝の気持ちを告白しているのを目《ま》のあたりにしたのだ。

いま、このときこそ、応援をはじめた最初からこの最後の瞬間までカントリー・ガールズの稲場愛香さんを追いつづけてきた自分が、その「推し活」の終着点にいることを正しく理解できた。

アイドルを応援するのは楽しい。

ひとりのメンバーさんを好きになって、推しとなった彼女のライブをみるために日本全国に遠征したり、会場周辺でコレクショングッズをトレードしたり。

オフィシャルショップに通って、推しの生写真やグッズを買い集めて。

グラビアやインタビューを掲載した雑誌が発売されると、書店へ探しにいって。

新曲が発売されると、リリースイベントの会場でミニライブをみたり、発売記念イベントでは集合チェキや2ショットチェキを撮ってもらって、握手会やサイン会でごく短い会話をしたり。

写真集が発売されると、おなじく発売記念イベントに足を運んで。

推しがパーソナリティを担当するラジオ番組を毎週聴いては、番組あてにメールを送ってみたり。

推しの誕生日がめぐってくると、ファンクラブ限定のバースデーイベントでほかのファンといっしょに「生誕祭」のお祝いをして。

そうするうちに、推しが所属するグループのメンバーみんなをだんだんと好きになって、彼女たちが歌う楽曲もふりつけもコールもすべてが好きになっていく。

メンバーさんが卒業するときには、推しといっしょに泣きながら、卒業を見送って。

新メンバー加入のさいには、新人の彼女たちが自分の推しやほかのメンバーさんと少しずつ親しくなっていくのをゆっくりと見守って。

そういう「推し活」の楽しさを教えてくれたのは、稲場愛香さんだった。それが彼女を応援しつづけた時間の中身だった。

こうした経験をぼくのなかに残して、彼女もまた、これまでの先輩メンバーとおなじく、

Juice=Juiceというハロー!プロジェクト所属のアイドルグループを卒業していくのだ。

「ありがとうございましたー!　Juice=Juiceでしたー!」

いまはもう、彼女を中心に、Juice=Juiceメンバーみんながステージをめぐりながら、全方位の観客席にむかって、お礼のことばをおくっている。

T字型ステージのうえで会場内の観客全員に手をふっている稲場愛香さんを、最後にもう1度だけスタンド席の高みから見送った。「卒業おめでとう、いままでありがとう」、心のなかでそっとつぶやいた。

のどの手術や、体調不良でラジオの生放送やライブをわずかに欠席した以外、復帰後はずっと元気に活動してくれた彼女のアイドル卒業を祝福した。

もう涙は出ない。

稲場愛香さんの卒業公演をほぼ見届けたことに満足して、すばやく席を立ち、すがすがしく東京メトロ東西線九段下駅へといそいだ。

彼女の卒業公演が開催された2022年5月30日夜のTwitterには、「稲場愛香卒業スペシャル」、「#juicejuice」がトレンド入りした。

そして、ハロー!プロジェクトを卒業した彼女のInstagramの更新が再開されるのは、卒業公演からわずか3日後のことである。すなわち、彼女のレギュラーラジオ番組『manakan Palette Box』の放送がない最初の木曜日となる6月2日の夜だった。

かくして、新たなステージに進んだ稲場愛香さんを応援する旅がまた新しくはじまっていくのだ。

稲場愛香さんのM-line club加入

ハロー！プロジェクトＯＧメンバーが所属するM-line clubから会員証が届いたのは、２０２２年9月のことである。

稲場愛香さんの活動休止と最初の卒業後に精神的な距離ができてしまったカントリー・ガールズの元メンバー小関舞さんをふたたび応援したくなったからだ。同年10月18日には、稲場さんのM-line club加入発表もあって、ぼくは息を吹きかえした。

それにしても、周囲にあれほど〈他界〉するといっていたのに、さらにもうひとつのファンクラブに新しく加入してしまうとは……。あの時期のことを思いだすと、ほんとうに自分自身が恥ずかしい。

そんなわけで、ぼくの「推し活」は更新されて、現在はハロー！プロジェクトとともにM-line clubのメンバーさん数人を同時に応援する日々がはじまった。

稲場愛香さんがハロプロメンバー現役だったときほど積極的ではないけれど、応援しているメンバーさんの数は増えた。

それに、ハロヲタにとってはメンバーの卒業がかならずしもすべての終了をもたらすものとはかぎらない（もちろん、芸能界を引退したり、「事務所」との契約が終了しなければの話である）。彼女たちにはM-line clubという卒業後の活動母体があって、Juice=Juice元メンバー宮本佳林さん、つばきファクトリー元メンバー小片リサさんは、アイドル現役時代以上に多忙にアーティストとして活動している。

２０２２年12月24日にめぐろパーシモンホールで開催された「M-line Special 2022～My Wish～」年内最終公演は、M-line club加入後の稲場愛香さんがゲストで参加した最初のステージである。

この日の公演で宮本さん、小片さんにくわえて、小関舞さんとともに、稲場さんが歌うカントリー・ガールズの楽曲〈恋はマグネット〉と間奏でのダンスパフォーマンスを、ライブではじめて眼にすることができた。

大学の個人研究室のデスクトップパソコンのモニターでミュージックビデオをみた瞬間、彼女に魂を抜かれてしまった、あの楽曲を、しかもおなじくオリジナルメンバー小関舞さんとともに、彼女が歌って踊るのを、ついに生のステージでみたのだ。

稲場愛香さんがJuice=Juiceとハロー！プロジェクトを卒業しなければ、卒業後の彼女がM-line clubに加入しなければ、まず実現しなかったステージと楽曲ではなかっただろうか。

あきらめずに信じて応援しつづけていれば、かなう夢もあるということを、ハロプロアイドル卒業後の彼女が教えてくれたのである。

同公演で、Juice=Juice卒業後の宮本佳林さんと稲場さんがふたたび楽曲〈微炭酸〉を歌ってくれたことにも感激した。

この楽曲は彼女が参加したJuice=Juice加入後最初のトリプルA面シングルのひとつであって、ミュージックビデオには宮本さんと共演するドラマパートがあるほか、間奏ではおふたりによる独特のリズムで両腕を回転させるダンスパフォーマンスが印象深い。

宮本佳林さん卒業後は、そのダンスパートをいつも彼女ひとりがメインで踊っていたのだが、この公演では宮本さんと稲場さんがかつてと同様のふりつけでパフォーマンスしたのだ。

さらにはおなじく、宮本さん、小片さん、稲場さんといっしょに、小関舞さんがパフォーマンスする〈禁断少女〉にも胸がおどった。

稲場愛香さんのJuice=Juice初期時代を象徴する楽曲を、かつておなじグループだった小関舞さんがいっしょに歌うのをみられるなんて、どれほど感動的なステージだろうか。

昼公演中盤のMCでは、ひさしぶりに小関さんと楽屋でいっしょになって、稲場さんが彼女のヘアメイクをしたという話も聞かせてくれた。

めぐろパーシモンホール公演から3日後、12月27日の彼女の誕生日当日に一ツ橋ホールで開催された『稲場愛香バースデーイベント2022～ソロになっても！25歳も！がんばりまなかん♡～』では、カントリー・ガールズの楽曲〈妄想リハーサル〉を、稲場さんがやはり「ライブツアー2015秋冬」以来で歌っている。

同年12月30日公開のYouTube配信番組『M-line Music』#73のコーナー「ツアー日記」では、同公演後にオリジナルメンバーとして〈恋はマグネット〉を小関さんとひさびさに歌えたことをよろこぶ稲場愛香さんと、となりでいっしょに笑いあう小関舞さんのコメントが収録されていた。

2023年2月19日に公開された『M-line Music』#79の番組MCは、宮本佳林さんと小関舞さんである。

前年のクリスマスイブに開催された「M-line Special 2022～My Wish～」の〈恋はマグネット〉のライブ映像にくわえて、トークコーナーでは、この楽曲の難しさや間奏での稲場さんのダンスのこと、稲場さんと宮本さんふたりの楽屋に、小関舞さんが遊びにきて、稲場さんのヘアアイロンで髪を巻いてもらったこと、はたでみていた宮本佳林さんがそのときのふたりのようすまで披露してくれたのだった。

以上のことをすべて実現してくれたのが、彼女のM-line club加入後の「M-line Special」公演とバースデーイベントなのである。

ぼくのなかで稲場愛香さんと小関舞さんの共演があたりまえになって、懐かしさとうれしさのあまりに涙することがなくなるぐらい、これからは「M-line Special」公演に足を運びたい。

稲場愛香さんの卒業発表や卒業公演があった2022年は、ぼくにとっては波乱の1年だったが、クリスマスイブの「M-line Special」ライブと12月27日のバースデーイベントのことは生涯忘れないだろう。

むしろ、2022年の年末は彼女の現役アイドル時代よりも幸せに過ごせたのかもしれないと、いまでは考えている。

12月24日の「M-line Special 2022 ～My Wish～」でこうしたセットリストを実現してくれた座長の宮本佳林さんと「事務所」スタッフの方がたにも感謝しているしだいである。

そして、いつかはもう一度、彼女がカントリー・ガールズの楽曲〈ためらいサマータイム〉を歌うときにコールしてみたい。

ぼくにとっては2018年6月の「稲場愛香ファンクラブツアー in 北海道～のっこりとうきびけぇ！～」のミニライブ以来となるが、彼女が「可愛すぎるね サマータイム」という歌詞を歌うとき、「かーわーいすーぎーるーね」と歌ったあとすぐの「さーまたーいむ」の歌詞にかぶせて、「まーなかーん」とコールできるときのことを、いまはただ待ち望んでいる。

あとがき

はじまりがあれば、おわりはかならずやってきます。

世のなかのすべてがそうであり、もちろんアイドルもけっして例外ではありません。アイドルの卒業はかならず到来するにもかかわらず、そしてそのことをあらかじめ知っているにもかかわらず、いざそのときがやってくると、受け入れることはとても困難なのです。しかも、それが自分にとって唯一無二の推しだったときには。


稲場愛香さんの卒業をいろどる花とするつもりで（結果的には1年半弱経過しましたが）、本書を書きはじめたのは2022年3月19日の昼下がりでした。

すなわち、彼女の卒業発表があった日の翌日です。彼女の卒業が発表された夜が明けて、午前中にいろいろ考えあぐねていたのですが、この想いはやはり原稿に叩きつけるしかないという結論にたどりつきました。人にはそれなしでは生きていけないものがあるのです。

とはいえ、彼女の卒業発表から卒業公演までの時期は、出版社からご依頼いただいていた原稿を執筆しながら、その合間にこちらのほうの原稿も少しずつ書きためつつ、大学の授業をこなして、しかも残り少なくなった稲場愛香さんの〈現場〉もおろそかにはできませんでした。

彼女の卒業を受け入れられない気もち、その一方でそれを受けとめて、卒業まできっちりと応援して見届けたい気もち、あるいは卒業後の彼女も応援していきたいという気もちが混沌として、かなり過酷な精神状態ではありましたが、あの時期なりに充実した日々を送っていたと、いまでは思うのです。

それにしても、アイドルの卒業とは、なんと複雑なものでしょうか。

応援しているアイドルが卒業することは、ファンにとってはどうしようもなくせつなく、さびしいものです。ところが、その卒業公演こそは、卒業するアイドルご本人がもっとも輝く最高の瞬間をみせてくれるものなのですから。

ぼくが〈現場〉に参戦した卒業公演だけでも、梁川奈々美さん、宮崎由加さん、カントリー・ガールズ（山木梨沙さん、小関舞さん）、船木結さん、宮本佳林さん、笠原桃奈さん、金澤朋子さん、森戸知沙希さん、そして稲場愛香さんと、それなりの数になります（船木さん、宮本さん、森戸さんのときは大阪梅田の映画館でのライブビューイングでした）。

稲場さんと同様に、みなさんそれぞれが最高の輝きを放ちながら、最後のステージに立って、ぼくたちの心に生涯忘れられない瞬間を刻印してから、卒業していったことを覚えています。

アイドルのそのような卒業公演は、日本独自の誇るべきアイドル文化が生んだエンターテイメントの真髄だと考えるのです。

2017年9月8日に稲場愛香さんがハロー！プロジェクトに復帰、活動再開してからの4年8ヵ月ほどは、彼女がかつて所属していたカントリー・ガールズへの想いで「こじらせ」てはいたものの、いまからすると、とても大切で幸せな時間でした。

〈現場〉に通いはじめた当初は作法やルールにも疎く、慣れないことばかりでしたが、だんだんとハロヲタの先輩たちと親しくなり、いろいろ教えていただいて、楽しめるようになりました。いま1度、お礼を申し上げさせてくださいませ。ハロヲタのみなさま、ありがとうございました。なかでも卒業後の稲場さんの〈現場〉では、これまで以上にたくさんの彼女のオタクの方と知りあって、現在も親しくしていただいています。

くわえて、コラム「オタクの肖像」に書かせていただくことにご快諾くださった大切なオタク仲間のみなさまにも感謝申し上げます。

あいかわらず中年アイドルオタクの気もち悪い内面が吐露されていて、読者のみなさまは辟《へき》易《えき》されたかもしれませんが、前著『〈現場〉のアイドル文化論』になかった内容としては、本書はコロナ禍によって大きく変化した〈現場〉のことにも言及しています。

あの息苦しく不安な時期のことを思いだされた読者の方がたには申し訳ないですが、われわれの生活全般と同様に、ハロー！プロジェクトの活動が非常に制限されていた時期のできごとを記しておくのも、それなりの意味があると考えたしだいです。どうかご海容くださいますよう。

前著を出版して以降、ぼくのアイドルオタクぶりをめぐって、周囲の環境が少しだけ変化したのですが、稲場愛香さんの卒業に関しても、いくつかあります。

ひとつだけご紹介しておくと、彼女が卒業してまもなくの時期でしょうか、必要があって、以前担当してくださった出版社の編集の方と連絡を取ることがありました。

そのときに、もちろん前著をご存じの担当さんから、「稲場さん卒業で、森先生はだいじょうぶか」といったTwitterのつぶやきで、ぼくの推しである稲場愛香さんの卒業発表を知ったと教えてくれたのです（のちに、かつてのゼミ生数人からも聞いたのですが、おなじく彼女の卒業発表のさいには心配をかけていたようです）。

ぼくのことを気にかけてつぶやいてくださった方がたには、その節はお気づかい感謝申し上げます。

前著にひきつづき、拙稿を丁寧に校正してくれたのは一重直樹《いちじゅうなおき》さんです。氏はぼくが稲場さんの〈現場〉で最初期に知りあった方で、いつの間にかとても長いつきあいになりました。拙著2冊分の校正のほか、グッズのトレードや遠征の段取りその他でも非常にお世話になっています。ここで、氏にはあらためてお礼を申し上げます。

また、前著と同様に、たくさんの章扉の衣装イラストを描いてくださった元ゼミ生の西出《にしで》郁香《ふみか》さんには、今回は表紙カバーイラストもご担当いただきました。本書の装丁も西出さん（とデザイナーさん）のおかげで、とてもかわいらしいすてきなものになりました。今回もほんとうにありがとうございます。

そして、お礼を言い尽くせないほどお世話になったのは、図書出版みぎわの堀郁夫さんです。拙著『ドイツ王侯コレクションの文化史　禁断の知とモノの世界』（勉誠出版、２０１５年）、『踊る裸体生活　ドイツ健康身体論とナチスの文化史』（勉誠出版、２０１７年）を担当いただいたご縁で出版をお願いしたのですが、わずかな時間で拙稿をご一読いただいたうえに、ハロー！プロジェクト25周年である２０２３年秋の出版を迅速に決定してくださったことに衷心から感謝しています。

ところで残念ながら、いまはもう、あの時期のあれほどの情熱はぼくのなかに残っていません。でも「あの頃」は、たしかに稲場愛香さん、彼女が所属していたカントリー・ガールズ、彼女がのちに加入したJuice=Juice、そしてハロー！プロジェクトがこのうえなく大好きだったのです。それは緊急事態宣言下のきびしく制限された生活においても、まったくゆらぐことはありませんでした。

稲場愛香さんのJuice=Juice加入が発表された日の週末に、彼女の北海道バスツアーに参加したことや、バスツアーから帰ってくると、これから彼女はJuice=Juiceの楽曲を歌うのだからと、ファーストアルバム《First Squeeze!》を購入したときのことなどを、ときおり懐かしく思いだしたりします。

カントリー・ガールズとJuice=Juiceを兼任していた梁川奈々美さんの2019年3月11日の卒業公演「Juice=Juice &カントリー・ガールズ LIVE～梁川奈々美 卒業スペシャル～」も、ぼくのなかではいまでも昨日のことのように脳裏に浮かびますが（前著のハイライトの章にあります）、会場だったお台場のライブハウスZepp Tokyoは、現在はもうありません。

稲場愛香さんの「推し活」に関しての心残りはいくつかあります。ドイツ出張と日程が重なったために、「OTODAMA SEA STUDIO 2018～J=J Summer Special～」、「OTODAMA SEA STUDIO 2019 supported by POCARI SWEAT J=J Summer Special」に参戦できなかったことと、2020年6月開催予定だった「Juice=Juiceと過ごす、一番近いヨーロッパ、ロシア〝ウラジオストク〟ツアー」がコロナ禍のせいで中止になったことなどです。

稲場愛香さんの卒業後には、ソロタレントとなった彼女と小関舞さんを応援しつつ、アンジュルムの橋迫鈴さんと平山遊季さんをふくめた橋迫軍団を中心に、ハロー！プロジェクト全体に遠くから声援を送っているといった感じでしょうか。

気がむいて、余裕があるときに、近めの会場の公演やリリースイベント、「盛りだくさん会」

などにちょっとだけ参加しています。そのうち、またいつかJuice=Juiceの懐かしい〈現場〉にも入りたいです。

最近は、かつてのようにほぼ毎週末に遠征するということはなくなりましたが、それでも、週末に台風や寒波がくるという天気予報を耳にするたびに、公演は無事に開催されるのかな、飛行機は飛ぶのかなと、ひとごとながら、つい心配したりするのです。

現在の週末は出版社から依頼された原稿に没頭することが多いのですが、仕事だけのなにも予定がない週末がつづくと、少しさびしく感じます。

（あと、２０２３年7月にスマートフォンを購入したことを追記しておきます。）

卒業後の稲場愛香さんの活動に対する個人的な希望としては、ひさしぶりに彼女のお芝居がみたいです。かつて彼女が主演した舞台『気絶するほど愛してる！』、『タイムリピート～永遠《とわ》に君を想う～』の太田善也氏の脚本で、観客みんなが笑って、ときには泣いて、最後は登場人物全員がハッピーエンドで終幕する物語を期待しています。

稲場愛香さん、小関舞さん、橋迫鈴さんと平山遊季さん、Juice=Juice、アンジュルム、ハロー！プロジェクトおよびM-line clubメンバーのみなさま、いつも応援させていただいて、ありがとうございます。これからもひきつづき応援させてくださいませ。

これまでのハロー！プロジェクトOGのみなさま、これから卒業されていくだろうメンバーさんのだれもが幸せになってくれることを祈願しつつ。

ハロー！プロジェクト25周年と
Juice=Juice結成10周年を祝う２０２３年春の吉日

森　貴史

主要参考資料一覧

稲場愛香『愛land』オデッセー出版／ワニブックス、2022年
稲場愛香『愛香』オデッセー出版、2018年
岡島紳士、岡田康宏『グループアイドル進化論 「アイドル戦国時代」がやってきた！』マイコミ新書、2011年
小川博司『音楽する社会』勁草書房、1988年
香月孝史『乃木坂46のドラマトゥルギー 演じる身体／フィクション／静かな成熟』青弓社、2020年
香月孝史、上岡磨奈、中村香住（編著）『アイドルについて葛藤しながら考えてみた ジェンダー／パーソナリティ／〈推し〉』青弓社、2022年
後藤真希『今の私は』小学館、2018年
斉藤隆介（作）、滝平二郎（絵）『モチモチの木』岩崎書店、1971年
白川司『14歳からのアイドル論』青林堂、2022年
竹中夏海『IDOL DANCE!!! 歌って踊るカワイイ女の子がいる限り、世界は美しい』ポット出版、2012年
竹中夏海『アイドル＝ヒロイン 歌って踊る戦う女の子がいる限り、世界は美しい』ポット出版、2015年
竹中夏海『アイドル保健体育』シィーディージャーナル、2021年

劔樹人『あの頃。男子かしまし物語』イースト・プレス、2014年
劔樹人『僕らの輝き　ハロヲタ人生賛歌』イースト・プレス、2020年
林明美(著)、真鍋公彦(画)『C調アイドル大語解　アイドル用語の基礎知識〈平成版〉』JICC出版局、1989年
ファントム・フィルム(編集・発行)『あの頃。』パンフレット、2021年
マキタスポーツ『すべてのJ-POPはパクリである　現代ポップス論考』扶桑社文庫、2018年
横川良明『人類にとって「推し」とは何なのか、イケメン俳優オタクのぼくが本気出して考えてみた』サンマーク出版、2021年
吉田豪『証言モーオタ～彼らが熱く狂っていた時代～』白夜書房、2021年
若杉実『Jダンス　J-POPはなぜ歌からダンスにシフトしたのか』星海社新書、2021年

雑誌

『IDOL AND READ 029』シンコーミュージック・エンタテイメント、2022年
『IDOL AND READ 031』シンコーミュージック・エンタテイメント、2022年
『anan』No. 2319増刊号、マガジンハウス、2022年
『アップトゥボーイ』2020年2月号、ワニブックス、2019年
『アップトゥボーイ』2022年7月号、ワニブックス、2022年
『エトセトラ』VOL.8(鈴木みのり、和田彩花特集編集)、エトセトラブックス、2022年
『OVERTURE』No.22、徳間書店、2020年

『月刊エンタメ』2020年6・7月合併号、徳間書店、2020年
『月刊エンタメ』2022年5月号、徳間書店、2022年
『月刊B.L.T.』2020年9月号、東京ニュース通信社、2020年
『CDジャーナル』2020年夏号、シーディージャーナル、2020年
『CDジャーナル』2022年秋号、シーディージャーナル、2022年
『週刊ファミ通』2022年4月21日号、KADOKAWA、2022年
『STAGE VANGUARD 悪嬢転生パンフレット』DC FACTORY、2022年
『TopYell NEO 2021~2022』竹書房、2021年
『TopYell NEO 2022 SUMMER』竹書房、2022年
『日経ウーマン』2021年5月号、日経BP、2021年
『バックステージ・パス』2022年8月号、シンコーミュージック・エンタテイメント、2022年
『BOMB』2022年5月号、ワン・パブリッシング、2022年

新聞記事

『朝日新聞』朝刊2022年4月18日付25面、「誰かのための〝らしさ〟から卒業」
『朝日新聞』朝刊2023年1月3日付2面、「握手 交わる思い」

映像ソフト

『あの頃。』TCエンタテインメント、2021年

『アンジュルム コンサート２０２１ 桃源郷 ～笠原桃奈 卒業スペシャル～』ポニーキャニオン、２０２２年
『カントリー・ガールズ結成５周年記念イベント ～Go for the future!!!! ～』アップフロントインディーズ、２０２０年
『カントリー・ガールズ ライブツアー２０１５秋冬』ダイキサウンド、２０１６年
『カントリー・ガールズ ライブ２０１９ ～愛おしくってごめんね～』アップフロントワークス、２０２０年
『Juice=Juice &カントリー・ガールズ LIVE～梁川奈々美 卒業スペシャル～』アップフロントワークス、２０１９年
『Juice=Juice 稲場愛香×段原瑠々 FCイベント２０２１～まなるる～／Juice=Juice 新メンバー有澤一華・入江理咲・江端妃咲 FCイベント２０２１』アップフロントインターナショナル、２０２２年
『Juice=Juice CONCERT TOUR ～ terzo ～ Final 稲場愛香卒業スペシャル』アップフロントワークス、２０２２年
『Juice=Juice Concert 2021 ~FAMILIA~ 金澤朋子ファイナル』アップフロントワークス、２０２２年
『Juice=Juice DVD MAGAZINE Vol.36』アップフロントインターナショナル、２０２２年
『Juice=Juice LIVE 2018 at NIPPON BUDOKAN TRIANGROOOVE』アップフロントワークス、２０１９年
『ソロフェス！』アップフロントワークス、２０２０年
『嗣永桃子ラストライブ♡ありがとう おともち♡』ピッコロタウン、２０１７年
『HELLO! PROJECT DVD MAGAZINE Vol.77』DC FACTORY、２０２２年

『Hello! Project 2019 SUMMER beautiful / harmony』アップフロントワークス、２０１９年
『Premier seat ～Juice=Juice Premium～』アップフロントワークス、２０２１年

参考ＵＲＬ

・「アイドル戦国時代」から10年。大手芸能事務所の参入と撤退を振り返る
https://news.yahoo.co.jp/byline/saitotakashi/20200524-00179953
・Juice=Juice、入江里咲がひなフェスに初参加「ここだよ、りさち！」コール継承
https://girlsnews.tv/hello/391422
・Juice=Juice植村あかり＆稲場愛香が語るグループの今「第２章という段階」変化の１年経て見据える目標〈「真夜中にハロー！」インタビュー〉
https://news.biglobe.ne.jp/entertainment/0311/mod_220311_8194821407.html
・J=J段原、得点伸びずに涙「カラオケ★バトル」奮闘でトレンド入り
https://www.daily.co.jp/gossip/2020/10/25/0013812753.shtml
・2021年アナログレコード・チャート　４万枚超えた１位は
https://style.nikkei.com/article/DGXZQOUC168XS0W1A211C2000000

YouTube動画

「Juice=Juice ニューシングルのお知らせ！」２０２１年10月25日公開
「Juice=Juice 稲場愛香さん３冊目の写真集『愛land』イベント開催！」２０２２年２月19日公開

「COVERS -One on One- 君は自転車 私は電車で帰宅 鈴木愛理×金澤朋子」２０２２年３月19日公開
「COVERS -One on One- ほたる祭りの日 佐藤優樹×宮本佳林」２０２２年７月31日公開
『ハロ！ステ #419』２０２２年３月23日公開
『ハロ！ステ #430』２０２２年６月８日公開
『M-line Music #73』２０２２年12月30日公開
『M-line Music #79』２０２３年２月19日公開
OMAKE CHANNEL「アンジュルム橋迫鈴《未公開映像》新メンバー発表のウラ側!!」２０１９年７月12日公開
OMAKE CHANNEL「平山遊季 アンジュルム加入 完全版【未公開シーン追加】」２０２２年１月10日公開

TikTok

「恐竜が踊る愛すべきべきHuman Life」（アンジュルムオフィシャル、２０２２年10月31日投稿）

本書で言及・引用した楽曲リスト

モーニング娘。

秋麗　作詞・作曲：つんく　編曲：AKIRA

恋ING　作詞・作曲：つんく　編曲：鈴木Daichi秀行

カントリー娘。

革命チックKISS　作詞・作曲：つんく　編曲：高橋諭一

メロン記念日

さあ、早速盛り上げて行こか〜!!　作詞・作曲：つんく　編曲：鈴木Daichi秀行

カントリー娘。に紺野と藤本（モーニング娘。）

浮気なハニーパイ　作詞・作曲：つんく　編曲：守尾崇

Berryz工房

ROCKエロティック　作詞・作曲：つんく　編曲：鈴木俊介

°C-ute

君は自転車 私は電車で帰宅　作詞・作曲：つんく　編曲：山崎淳

アンジュルム(スマイレージ)

愛すべきべきHuman Life　作詞・作曲：堂島孝平　編曲：鈴木俊介
有頂天LOVE　作詞作曲：つんく　編曲：大久保薫
交差点　作詞：角田崇徳　作曲：小泉尊史　編曲：小西貴雄
友よ　作詞：児玉雨子　作曲：中島卓偉　編曲：鈴木俊介
ドンデンガエシ　作詞：星部ショウ　作曲：宇宙慧　編曲：鴇沢直、関口Q太
夏将軍　作詞：SHOCK EYE　作曲：SHOCK EYE、STAND ALONE　編曲：STAND ALONE

ハロー！プロジェクトモベキマス

もしも・・・　作詞・作曲：つんく　編曲：高橋諭一

Juice=Juice

イジワルしないで 抱きしめてよ　作詞・作曲：つんく　編曲：大久保薫
Va-Va-Voom　作詞：児玉雨子　作曲：Shusui、Josef Melin　編曲：Josef Melin
GIRLS BE AMBITIOUS! 2022　作詞作曲：中島卓偉　編曲：中島卓偉、宮永治郎
がんばれないよ　作詞：山崎あおい　作曲・編曲：KOUGA

禁断少女　作詞作曲：大橋莉子　編曲：平田祥一郎
Goal～明日はあっちだよ～　作詞作曲：近藤薫　編曲：近藤薫、沢頭たかし
如雨露　作詞：児玉雨子　作曲：YUKO　編曲：大久保薫
シンクロ。　作詞：井筒日美　作曲：星部ショウ　編曲：浜田ピエール裕介
素直に甘えて　作詞：NOBE　作曲：星部ショウ　編曲：鈴木俊介
続いていくSTORY　作詞・作曲：近藤薫　編曲：近藤薫、HASSE
25歳永遠説　作詞：児玉雨子　作曲編曲：KOUGA
Familia　作詞：イイジマケン　作曲：Shusui、Shim Zeyun、tsubomi　編曲：鈴木俊介
Fiesta! Fiesta!　作詞：井筒日美　作曲：エリック・フクサキ　編曲：大久保薫
微炭酸　作詞：山崎あおい　作曲・編曲：KOUGA
「ひとりで生きられそう」ってそれってねえ、褒めているの？　作詞・作曲：山崎あおい　編曲：鈴木俊介
Future Smile　作詞：大森祥子　作曲：Shusui、Josef Melin　編曲：Josef Melin
プラスティック・ラブ　作詞・作曲：竹内まりや　編曲：Anders Dannvik
プラトニック・プラネット（Ultimate Juice Ver.）　作詞：児玉雨子　作曲：炭竃智弘　編曲：炭竃智弘
Magic of Love（J=J 2015Ver.）　作詞・作曲：つんく　編曲：村山晋一郎　ストリングスアレンジ：村山達哉
未来へ、さあ走り出せ！　作詞：角田崇徳　作曲：KOJI oba　編曲：KOJI oba

カントリー・ガールズ(カントリー娘。)

明日からはおもかげ　作詞:児玉雨子　作曲・編曲:星部ショウ
愛おしくってごめんね　作詞:児玉雨子　作曲:加藤裕介　編曲:加藤裕介、A-bee
浮気なハニーパイ(2015カントリー・ガールズVer.)　作詞・作曲:つんく　編曲:守尾崇
革命チックKISS　作詞・作曲:つんく　編曲:高橋諭一
Good Boy Bad Girl　作詞:児玉雨子　作曲:星部ショウ　編曲:宮永治郎
恋泥棒　作詞:村カワ基成　作曲:高橋諭一　編曲:A-bee、加藤裕介、高橋諭一
恋はマグネット　作詞:井筒日美　作曲・編曲:Yasushi Watanabe
ためらいサマータイム　作詞:三浦徳子　作曲・編曲:安田信二
VIVA!! 薔薇色の人生　作詞:児玉雨子　作曲・編曲:加藤裕介
妄想リハーサル　作詞・作曲:星部ショウ　編曲:鈴木俊介
リズムが呼んでいるぞ!　作詞:児玉雨子　作曲・編曲:加藤裕介
One Summer Night～真夏の決心～　作詞・作曲:星部ショウ　編曲:菊谷知樹

つばきファクトリー

アドレナリン・ダメ　作詞:児玉雨子　作曲:中島卓偉　編曲:炭竃智弘

OCHA NORMA

恋のクラウチングスタート　作詞・作曲:星部ショウ　編曲:鈴木俊介

金澤朋子

黄色い線の内側で並んでお待ちください　作詞：SHiLL　作曲：馬飼野康二、鎌田俊哉　編曲：宮永治郎

宮本佳林

なんてったってI Love You　作詞：西野蒟蒻　作曲：武田将弥　編曲：椿山日南子
ハウリング　作詞：児玉雨子　作曲：MOJ　編曲：ArmySlick
氷点下　作詞作曲：山崎あおい　編曲：浜田ピエール裕介

佐藤優樹

Ding Dong　作詞：前山田健一　作曲・編曲：徳田光希
ロマンティックなんてガラじゃない　作詞：zopp　作曲：shusui、Anders Dannvik　編曲：Anders Dannvik

＊＊＊＊＊

aiko

カブトムシ　作詞作曲：AIKO　編曲：島田昌典

著者略歴

森 貴史（もり・たかし）

ドイツ文学者。1970年、大阪府生まれ。Dr. phil.（ベルリン・フンボルト大学）。現在、関西大学文学部（文化共生学専修）教授。主要著書・訳書に、『旅行の世界史　人類はどのように旅をしてきたのか』（星海社新書、2023年）、『リヒトホーフェン　撃墜王とその一族』（中公新書、2022年）、『ドイツの自然療法 水治療・断食・サナトリウム』（平凡社新書、2021年）、『〈現場〉のアイドル文化論 大学教授、ハロプロアイドルに逢いにゆく。』（関西大学出版部、2020年）、『裸のヘッセ ドイツ生活改革運動と芸術家たち』（法政大学出版局、2019年）、『踊る裸体生活 ドイツ健康身体論とナチスの文化史』（勉誠出版、2017年）、„Klassifizierung der Welt. Georg Forsters *Reise um die Welt*.“（Rombach Verlag、2011年）、ミヒャエル・H・カーター『SS先史遺産研究所アーネンエルベ ナチスのアーリア帝国構想と狂気の学術』（監訳、ヒカルランド、2020年）などがある。

推《お》しが卒業《そつぎょう》するとき
大学教授《だいがくきょうじゅ》、ハロプロアイドルを〈他界《たかい》〉する。

2023年10月31日　初版発行

著　者　森 貴史
発行者　堀 郁夫
発行所　図書出版みぎわ
〒270-0119　千葉県流山市おおたかの森北3-1-7-207
TEL：090-9378-9120　FAX：047-413-0625
E-mail：hori@tosho-migiwa.com
https://tosho-migiwa.com/

印刷・製本　シナノ・パブリッシングプレス
装丁・ブックデザイン　森貝聡恵（アトリエ晴山舎）
カバー・扉イラスト　西出郁香

©Mori Takashi 2023, Printed in Japan
ISBN：978-4-911029-03-9　C0073
乱丁・落丁本はお取り替えいたします。定価はカバーに表示してあります。